妳的身體妳作主

一本關於認識自己、接納身體、
建立健康性別關係的圖文科普書！

尹晶園‧金旼志 著

出生時身分證首位數字為 2 的人；

認為自己是女性的人；

想瞭解女性的身體和人生的人，

本書是為了各位而寫。

這本書有趣又接地氣地解說我們的身體以及與人建立平等關係的方法。任誰都無法取代的自己和身體權利，支持大家充滿自信地談論！

_ 娜英나영（性權利與再生產定義中心 [SHARE] 代表）

以談論自己的身體為開端，同時也給予因人際關係感到疲憊不堪的人們指引方向和安慰，是一本充滿溫度的書。

_ 李雪熙이설희（國語教師、女性委員會－全國教職員勞動組合）

本書充滿著同理女性身體、有愛的溫暖目光，以及負責任的資訊。在打開這本書的瞬間，您對身體的想法一定會改觀。

_ 徐英美서영미（首爾特別市教育廳成人權利政策專家）

無論年紀大小，我們都能按照自己想要的感覺來行動。如同本書所說的，希望性不是恥辱、不是混亂，也不是恐懼。

_ 楊智慧양지혜（青少年女權主義者網路 WeTee 活動家）

對於不清楚之處給予親切的說明，錯誤的觀念則斷然消除。本書超越千篇一律的性教育，明確地告訴女性如何在社會上照顧自己。

_ 洪尚智홍상지（《中央日報》記者、Podcast一聽出機智生活（듣똑라）主持人）

知識就是力量！這是一本為了想正確瞭解身體和性的人準備的革新性教育書。

_ 李明華이명화（啊哈！首爾市立青少年性文化中心 主任）

在學校也經常遇到對自己的身體很偏執，或被逼到討厭身體的女生。期盼藉由這本書，女孩子和青少年都能夠接納身體的原貌，與自己建立完整的關係。

_Solly 솔리（女權主義者、小學教師）

即使大家都認為社會有進行性教育的必要性，卻不曉得該從哪裡開始進行而感到苦惱。對於那些飄洋過海而來的性教育書籍，也會產生莫名的距離感。終於出現了一本適合我們的書。

_ Esther Kegoora Shim 심에스더（性教育講師）

很高興可以遇見如同一輩子的好朋友般，理解我的身體、預知身體變化的好嚮導！不僅很適合剛面臨初經來到的少女們，對於不曾接受過身體教育的大人們，也是一本很棒的指南，真心推薦！

_ 沈允美심윤미（Luna Cup 代表）

這本書不僅適合所有想瞭解自己身體的十幾歲女性，那些誤認為自己很瞭解女性身體的十多歲男性，以及明明應該正確教導卻沒有好好教的大人們，也都應該要閱讀。

_ 樸鍾勳박종훈（山清甘地學校教師）

像朋友一樣輕鬆自在，像姐姐一樣可靠親切，像老師一樣科學又清楚地講述我們身體的故事！

_ 張秉順장병순（保健教師）

讀完這本書後，切實地感受到全面性教育的必要性。本書仔細檢視了一位女性在生活中幾乎會發生的事件。

_ 金惠貞김혜정（南韓性暴力諮詢所 所長）

我要把這本書送給姪女們。書裡有醫生阿姨想告訴你的滿滿內容，連溫暖也包含在內。

_ 秋惠仁추혜인（生活醫療福利社會合作組織生活醫院 院長）

這本書是那些過往懵懵懂懂地學習自己身體的女性們，留給下個世代的寶貴訊息。

_ 李佳賢이가현（女權主義黨創黨團體 共同代表）

這本書懷著關愛來與少女們對談。為十幾歲女性們加油，使她們不被框架束縛，堂堂正正地對抗社會偏見。

_ 鄭珉碩정민석（青少年性少數者危機支援中心「叮咚」代表）

細膩實用、朝氣蓬勃且正大光明。這是一本賦予身體、性、愛情、關係以及平等嶄新觀點的指南。我有月經三十年了，第一次正式學習該如何選擇止痛藥。

_ 孫熙貞손희정（文化評論家、慶熙大學比較文化研究所 研究教授）

　　我從小就對身體很感興趣。為什麼月經要這麼早出現？我的腿為什麼那麼粗？為什麼體毛一直長？這每一項都令人煩惱。其他女生什麼時候會經歷這樣的變化？是受到何種影響，才會早一點或晚一點出現變化？這樣下去也沒關係嗎？青春期的我什麼都不曉得，只是一人獨自感到擔心和不滿。

　　可能是因為害羞而難以開口向任何人詢問，以致無法清楚地瞭解自己的身體，心情總帶有些許煩悶。在這種情況下，所接觸到的各種資訊對年幼的我而言都宛如甘霖。令人遺憾的是，這些資訊大部分都是錯誤或不必要的訊息，例如減肥方法、讓胸部變大的方法、化妝術等等，都是以這類的內容為主。現在回想起來，這些內容比起幫助我瞭解自己的身體，不如說是讓我更討厭自己的身體，它們並沒有透露出我真正好奇的真實狀況。因此，我認為需要寫一本關於青少年的身體與心理的書，正確地談論這些所帶來的影響。

　　不過，我並不是要倡導說：「青少年或女性就應該要這

樣做!」我們都是世界上獨一無二的存在,每個人的身體、性別、長相和個性皆不相同。然而,社會上卻一直談論並強調「某種標準」,因為那是最方便、最簡單的方法。但當我們去瞭解多元化的世界時,便會發現那是既複雜又令人感到有趣、驚奇,同時也是一個更好地理解自我和世界的過程。在探索自我和潛能的過程中,希望本書能帶給各位幫助。

　　這本書包含了聯合國教科文組織發行的國際性教育指南中,建議 12 ～ 15 歲青少年要瞭解的資訊。這不僅是全世界青少年們好奇的內容,透過瞭解這些資訊,自己才能與自己的身體建立良好的關係。當然,身體、精神、情緒的發展皆存在個人差異。即使是同樣的內容,可能有些人完全不關心、有些人則想要認識更多。因此,年紀較小的人也可以閱讀本書,就算年紀較大,閱讀本書依然可以獲得幫助。真心期盼本書能扮演提供充分資訊的角色,使各位更深入理解自己的身體、做出更好的選擇。

　　如果是家長或學校老師先閱讀了此書，可能會訝異地想：
「為什麼我們的小孩連這些都要知道？」不過，請您思考看
看，在我們小時候，難道曾經有哪位長輩告訴過我們身體每
個部位的正確名稱，以及這些部位所扮演的角色嗎？需要隔
多久去一次婦產科進行定期檢查，有哪位長輩曾經告訴過我
們嗎？雖然被建議不要發生性關係，但曾經有人教過我們該
為了安全的性關係做何種準備嗎？我們接受了過度落後的性
教育，直到經歷無數次的錯誤經驗後，才曉得這些早該知道
的事實。不對，說不定到「現在」還有不曉得的事實呢！

　　事實上，現在的青少年比起老一輩的人需要更多的資訊。
在迅速變化的環境中，隨著機會增多，危害因素也變多。因
著科學技術的發達，對身體的選擇也變得更加多樣化。這麼
一來，孩子應該瞭解的資訊範圍應該要變得更廣泛，也是理
所當然的不是嗎？現在跟情報不足的過往不同了，這時代只
要在網路上搜尋，就能即時找到好奇的所有資訊。不過，如
果透過同輩或者網路得到的資訊並不準確可靠，青少年反而

會變得混淆。

　　本書的宗旨是要給予青少年關於身體和性方面疑問正確的解答，並使他們找尋到自己專屬的答案。

　　孩子們總是會看大人怎麼做。若想教導孩子們在關係中彼此尊重，就要從大人開始尊重他人才行。各位要認定自己也是一個「性的存在」，不要羞於跟孩子進行性方面的對話。請將本書的內容與日常生活連結起來，對孩子提出問題看看。在對話時，比起給予孩子「你做得好！（你這樣不對！）」這類的忠告或評價，希望能更專注於孩子為什麼那樣想、對那情況有何種感受，因為個人的標準或價值觀也是在各種社會環境中形成的，而非絕對的真理。

　　也請關注學校的性教育是教導到何種程度呢？假若教育的內容不夠充分，可以向學校提出建議。因為現今孩子必須瞭解的東西越來越多，學校本身也得跟上變化的速度才行。請務必協助和鼓勵青少年理解、接納自己的身體，在這過程中，將使他們的內心變得更加強大。

1 既熟悉又陌生！
擁抱我獨有的青春期身體

2 懂身體再談性！
誠實面對我的性與愛課題

既熟悉又陌生！擁抱我獨有的青春期身體

若想理解自己，就要先瞭解自己的身體。

進入青春期後隨著身體的變化，頭腦和心情會開始變得雜亂無章，

會影響身體的因素比起想像中的還要多更多喔！

不過，只要正確瞭解，就可以將恐懼、困惑轉變為期待。

好！從現在開始，我們一起往陌生的身體更靠近一步吧！

第二性徵

課本寫的第二性徵出現了！
我要變成大人的身體了嗎？

　　我們每個人都有迎接青春期的時刻。提到青春期，通常會想起什麼呢？煩惱、善變、叛逆、壓力、友情、愛情、生長痛……固然會有各種精彩的情緒變化蜂擁而至，但最優先開始改變的其實是「身體」。除了身高變高、體重增加之外，身體各個部位也都會發生陌生的變化。

　　想趕快變成大人嗎？還是不想成為大人呢？不管自己願不願意，青春期過後，我們的身體就會逐漸成長為大人的身體。身體的變化會慢慢地顯露出來，有些變化也可能會在某一天突然來訪，讓人措手不及。這些變化也許會讓我們感到困惑、擔憂，不過只要仔細瞭解接下來要講述的內容，當那個未來到來時，你一定可以更自然地接受身體的變化。

從青春期開始分泌性激素

荷爾蒙是傳達化學信號的物質，由各種器官製造且分泌，用來調節身體各功能。簡單來說，就像按下遙控器的開關，電視就會透過電波開啟；按下音量按鈕，聲音就會變大；同樣地，從大腦中出現的荷爾蒙，有些是去甲狀腺、有些是去卵巢工作，發揮各自的機能。

在各種荷爾蒙中，調節與性相關生理現象的荷爾蒙被稱為「性荷爾蒙」。進入青春期的女生，大腦會向卵巢發出規律的信號，卵巢因此產生越來越多稱為「雌激素」和「黃體素」的性荷爾蒙，這時身體會開始產生變化、初經也會來報到。這就稱為「第二性徵」。

各年齡層的身體變化

現在來具體瞭解一下，約莫 10 ～ 16 歲的青春期期間，我們的身體會發生怎樣的變化。

滿 10 ～ 12 歲：青春期的開端

最顯眼的變化會發生在「胸部」，胸部隆起後，也會摸到乳頭（又稱奶頭），並感到疼痛。青春痘會稍微變多，頭

胸部的變化

| 青春期前 | 滿 10 歲 | 滿 12 歲 | 滿 14 歲 | 滿 16 歲 |

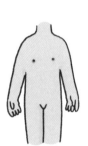 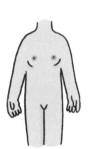 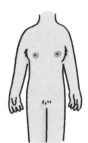 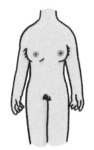 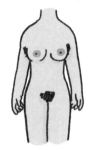

陰毛的變化

子宮的變化

    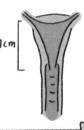

3cm　　3.7cm　　4.5cm　　5.2cm　　6.7cm

| 青春期前 | 滿 10 歲 | 滿 12 歲 | 滿 14 歲 | 滿 16 歲 |

1cm³　　3cm³　　5cm³　　7cm³　　10cm³

卵巢的變化

髮也會出現異味，每天都需要用洗髮精清洗頭髮。皮膚中的汗腺之一——頂泌汗腺（apocrine sweat gland）會變得發達，所以腋下也會出現異味。此外，這時候身高長得最快，因此需要攝取均衡且充分的食物，也要持續運動。

滿 11 ～ 13 歲：長陰毛、有初經

恥骨和腋下開始長毛；人中和四肢的毛髮會逐漸變粗、顏色也會變深。初經（也就是第一次的月經）通常發生於開始長陰毛之後，但也有可能在那之前就出現。乳頭會更突出、顏色也會產生變化。

滿 14 ～ 16 歲：接近成人的身體

現在幾乎可以視為大人的身體了。當然在這個階段，想法、心情和情緒都會不斷改變。

每個人的身體變化都不同

雖然瞭解了不同年齡的身體變化，但這只是平均的標準狀態而已。就像每個人的長相、頭髮顏色、身高和體型都不相同，每個人在青春期出現的變化程度、快慢等也都會略有

不同，這稱為「個人差異」，所以不需要和他人做比較。

「聽說在這年紀身高應該要長那麼高，為什麼我沒有長高呢？」、「為什麼我的胸部比別人大（小）？」、「為什麼我的身體還沒有長毛呢？」希望你不要花太多時間在煩惱這些事情。在這世界上，每個人的精神與身體特性都存在著差異。

需要尋求專業協助的情況

如同上述所說，身體的變化並不會在規定好的時間內乖乖地發生，但若出現以下狀況，請向醫生諮詢。

若在滿 8 歲之前，胸部和陰毛就開始生長，像這樣身體太早出現變化的症狀，被稱作「性早熟」。事實上，現今全世界的女孩們，初經開始的年紀比起父母那一代已小個 1.5 ～

2 歲左右。其原因主要來自西化的飲食習慣，使人比起過去，大量攝取了女性荷爾蒙的原料——脂肪。此外，速食、塑膠和環境污染等等，使人們更容易暴露在環境荷爾蒙中，讓第二性徵出現的速度提前。

有時候甚至會罕見地出現腫瘤或者性早熟症。此外，如果初經過早開始，生長板就會關閉而無法充分長高。因此，如果在滿 8 歲之前長胸部或陰毛，一定要去醫院就診。相反地，如果到滿 13 歲為止，都沒有長出胸部或陰毛，或是到滿 15 歲為止，初經都還沒來的話，則會視為發育遲緩，也得去醫院就診。

有些人無法接受第二性徵伴隨而來的「突出的」性別特徵。如果在面對胸部隆起、開始來月經等身體變化後，不只是感到驚慌，而是出現「我應該要誕生為男性才對啊……」這類的想法，或甚至到了很煎熬的程度，就有必要向專家諮詢、尋求協助。針對這一點，在第 84 頁「性別認同和性取向」單元中會再詳細地說明。

姊妹們的
祕密諮商室

聽說青春期會有「生長痛」，真的很痛嗎？

>>>> 在兒童、青少年時期，有些人每天晚上都會喊不舒服。生長痛最早其實出現在 3～4 歲，一般則會出現在 8～12 歲。滿多青少年會在傍晚、晚上或深夜睡覺時，出現雙腿疼痛的情況。然而，這類症狀不一定是因青春期突然的成長，或者因荷爾蒙變化而產生的。如果是在身體大量活動和運動之後突然疼痛嚴重，但隔天早上便好轉的話，就有可能是因為肌肉在短時間內被過度地使用，才會產生這種症狀。
真的很不舒服時，可以按摩腿部或在疼痛處敷貼暖暖包，也可以做一些放鬆肌肉的伸展運動。不過，若已經採取以上方法，卻依然感到嚴重不適，請去看醫生並服用消炎止痛藥。

若被醫院診斷為「性早熟」，該接受何種治療呢？

>>>> 如果經診斷後確認為性早熟，醫生通常會建議注射藥物以暫緩性發育的狀況。每個月要進行一次皮下注射（在手臂或下腹的皮下脂肪部位用細針注射），並不會很痛。在接受治療的期間，胸部和體毛不會再繼續生長。通常會持續治療到與 11～12 歲同齡孩子的成長速度相似為止。

胸部

胸部突出有點害羞，
若比別人小又有些自卑！

　　進入青春期後，外觀最明顯的變化會出現在胸部（乳房）。原本扁平的胸部開始凸出來，就算穿著衣服，看起來還是跟以前的身形很不一樣。剛開始可能會覺得礙手礙腳的，而且還要瞭解之前根本不需要穿的胸罩，心情真的很複雜。

　　偶爾會有少女因為胸部突出感到羞愧，而縮著肩膀走路，相反地，也有些少女因為胸部比同齡朋友來得小而覺得傷心。好的！我要明確地說：無論胸部是大還是小，胸部都只是配合著自己的身體來長大罷了。因此，大家要挺起肩膀，仔細看看我們的胸部，它不過是身體的一部分，是大是小都沒關係。接下來，從胸部為什麼會隆起變大，到選擇合適胸罩的方法，將會一一地分享給各位。

乳房

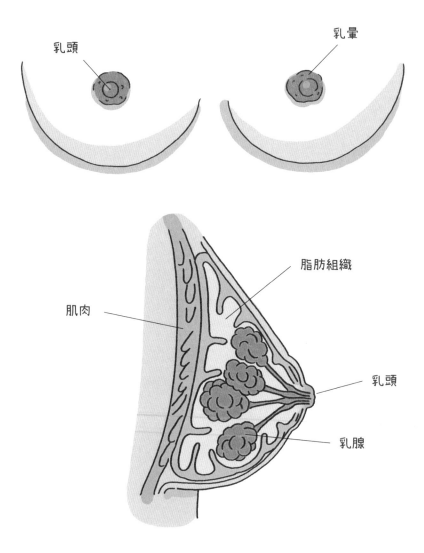

乳頭

乳暈

脂肪組織

肌肉

乳頭

乳腺

胸部隆起的原因

青春期乳房隆起的原因在於，此時分泌的女性荷爾蒙——雌激素和黃體素，會刺激胸部的乳腺發育。乳腺指的是在乳房內分泌、輸送乳汁的腺體，內含乳腺小葉和乳腺管等，乳腺小葉在女性生完孩子後負責分泌乳汁，乳腺管則負責輸送乳汁到乳頭。為了保護乳腺，周圍的脂肪會聚集、隆起且變大，形成所謂的脂肪組織。

形形色色的胸部

胸部的形狀和大小非常多樣化，數都數不清，乳頭也是如此。沒有什麼樣的形狀或大小才算完美。因此，無論胸部長得如何，都不需要和他人做比較。胸部的長相有時會隨著年齡產生變化；不同地域、人種也有所差異，通常西方女性胸部裡的脂肪組織會比東方女性更多。此外，懷孕的女性受到荷爾蒙影響，乳腺會變得更加發達。

有些人認為胸部的形狀或大小會左右幫小孩餵奶的機能，或者影響在發生性行為時感受到的愉悅程度，但這些都是毫無根據的說法。胸部的長相與餵母乳的功能或感受到性愉悅這方面毫無關聯。

每個人的
胸部形狀都
不一樣！

一定要穿胸罩嗎？

「穿胸罩對身體好，還是不好呢？」我經常收到這類的問題。目前世界上研究穿胸罩對胸部健康的影響之案例並不多，但根據資料所得，可以回答下列的問題。

不穿胸罩，胸部會下垂嗎？

胸部下垂的原因有遺傳（擁有天生胸部就容易下垂的體質）、老化、體重過重等等，其實和不穿胸罩並沒有直接相關。也有人持相反的主張說，如果穿胸罩，胸部肌肉就不會被使用到，因此肌肉會變弱，反而導致胸部更容易下垂。

生孩子時乳腺會分泌母乳，在餵母乳時期還會脹奶，等到退奶之後，胸部就有下垂的可能性。然而，亦有研究結果顯示，餵母乳可以降低乳癌的發病率。就像這樣，每件事情都有正、反等各種面向，並沒有非得怎麼做才好的答案。

穿胸罩會更容易罹患乳癌嗎？

如果胸罩穿得太緊，血液循環和淋巴循環就會變得不順暢，導致胸部容易腫脹。不過，穿胸罩與否和乳癌發病率之間沒有直接相關。

穿胸罩會增加頸部和腰部的疼痛嗎？

如果受到女性荷爾蒙的許多影響，胸部可能會變大。雖然胸部大可能是造成頸部和腰部疼痛的原因，但胸罩本身並不會引發疼痛，除非是穿到不合身形的胸罩。尤其是穿過緊的胸罩睡覺時，很難安然入睡，甚至會導致乳房痛和胃食道逆流。

在青春期的發育階段，當胸部慢慢變大時，觸碰到可能會感覺疼痛，所以建議使用青少年發育期胸罩。運動時如果覺得不太自在，只要穿方便支撐胸部的運動型內衣就可以了。並非胸部成長到一定的程度，就非得穿有鋼圈的胸罩。有鋼圈的好處是可以固定胸型，但越洗越容易變形，也會有刺傷胸部的危險。要選擇穿什麼樣的胸罩，最主要還是看自己的需求與意願。最近市面上就很流行無鋼圈的舒適胸罩。

當然，如果自己不願意，不穿胸罩也無妨。若要穿胸罩，就要選擇身體穿起來感覺舒服的類型。在家中或睡覺時則建議不要穿胸罩。

正確測量
胸罩尺寸的方法

　　胸罩是最貼近胸部的內衣，如果不合身，一整天都會覺得很不舒服，而且稍有不慎可能還會使胸部變形，因此我們要準確測量胸圍來選擇合適的胸罩尺寸。若去內衣專賣店，店員都會協助測量胸圍、推薦合適的尺碼。若要在家裡自己測量，可以參考以下方法。

測量上胸圍

稍微彎腰，讓胸部的肉往中間靠攏，將布尺從乳頭穿過腋下到背部圍一圈以測量尺寸。布尺前後要保持水平，不能刻意壓乳頭。

測量下胸圍

用布尺從胸部下圍環繞至背部來測量尺寸。跟測量上胸圍時一樣，布尺前後要保持水平。

上胸圍－下胸圍

只要將上胸圍減掉下胸圍，就可掌握罩杯尺寸。

尺寸	65	70	75	80	85	90
下胸圍	63~67cm	68~72cm	73~77cm	78~82cm	83~87cm	88~92cm
罩杯	AA	A	B	C	D	E
上胸圍－下胸圍	約 7.5cm	約 10cm	約 12.5cm	約 15cm	約 17.5cm	約 20cm

穿不穿又怎樣?
我擁有不穿胸罩的自由

某位女藝人結束海外巡演回國時,她的「機場時尚」在網路上成為了熱門話題,而事情起因於新聞報導中出現了這位女藝人沒有穿胸罩、只穿白色 T 恤的照片。媒體和各大網路社群爭先恐後地上傳了相關照片和影片,然後在網友們各式各樣的反應裡,加上了「Nobra 爭議」一詞。

竟然因為沒穿胸罩而引起爭議,真的滿荒謬的,她不過只是穿著自己想穿的衣服罷了。

在中世紀的歐洲,女性們為了凸顯苗條身形,會在禮服內穿上壓迫腰部和腹部的緊身胸衣(Croset)——馬甲(束腹)。女性遭遇的這種被壓迫的痛苦,只有當她們不再被迫穿上緊身胸衣、

可以自由選擇想穿的衣服時,才得以擺脫。然而,如同多數人認為穿著緊身胸衣襯托身體曲線的女性才算美麗一般,現今的社會對女性美的標準依然千篇一律。

因此,反對這點的眾多女性,現在正共同發聲、採取行動。她們以「擺脫束縛*」的名義倡導「不打扮的自由」。就像過去的女性們脫掉緊身胸衣一般,現代女性們也擺脫自己不願意的舊框架,高聲吶喊:「解放我的身體!」、「我們擁有不穿胸罩的自由!」。

* 英文為「Corset-free movement」,為「擺脫馬甲、束腹」之意的延伸。這場運動的反抗對象也包含社會對女性妝髮的限制。

青春痘

一顆顆青春痘不斷冒出來，
我是不是變成了醜八怪！

到了青春期，有小小的不速之客會突然拜訪我們的身體，而使我們苦惱不已。它就是被稱為「痤瘡」、在我們光滑的臉龐上冒出的凸起物——青春痘。這位不受歡迎的客人不只會出現在臉上，還會出現在手臂或背上，看了就讓人頭痛。長滿青春痘的臉看起來醜醜的，有些人則會覺得癢或痛，所以大家一提到它就感到厭煩，想盡各種辦法要遮住青春痘。

但是，青春痘就像凸起的胸部一樣，是非常普遍且自然的現象，有 80% 左右的青少年在青春期都會長青春痘。只要做好正確的清潔與生活管理，就能有效減少青春痘。那麼從現在開始就來瞭解看看，為什麼青春期會反覆長痘痘、該怎麼做才能有效地減少青春痘吧！

青春痘（痤瘡）

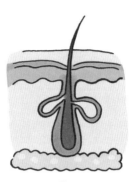

正常毛孔

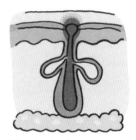

黑頭粉刺（黑色痘痘）

白頭粉刺（白色痘痘）

丘疹（紅色痘痘）

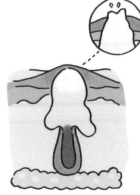

有時會有
膿爆出來

膿皰（膿皰型痤瘡）

為什麼會長青春痘？

我們的皮膚會分泌一種名為「皮脂」的油脂。皮脂可以滋潤原有的皮膚和頭皮表面，發揮保護功能。然而，因著青春期荷爾蒙的急速變化，皮脂分泌會增多。若沒有每天洗頭，頭皮就會很油膩，而一旦皮脂堵住了毛孔，就會引起發炎，導致青春痘變多。尤其皮脂腺特多的臉部很容易長青春痘。

皮脂是由毛囊旁的皮脂腺分泌出來，並通過毛孔排出。當皮脂堵塞、堆積在毛孔入口，便會形成所謂的「黑頭粉刺」或「白頭粉刺」；當細菌增殖、造成毛囊或周圍發炎時，就會形成「丘疹」或「膿皰」。

各種生成原因和管理方法

接著會說明青春痘生成的普遍原因和管理方法，不過依據每個人的狀況會有不同成因，請一項一項仔細閱讀，瞭解如何減少青春痘吧！

速食

老實說，關於食物與青春痘的關聯性，目前尚未有明確的研究結果，但是如果吃特定食物會讓你的青春痘變嚴重的

話，還是避免吃那類食物比較好吧！例如高糖分的飲料、高脂肪的速食常常會引發青春痘。

月經

月經前夕和月經過程中特別容易長青春痘，對吧？沒錯！荷爾蒙波動的時期，長青春痘的狀況會變得更加嚴重。因此，當青春痘冒得過度頻繁時，有些人甚至需要服用避孕藥治療，以抑制荷爾蒙分泌。

壓力

壓力是皮膚的敵人。我們的大腦在承受壓力時會分泌荷爾蒙，以此試圖克服壓力，但這時產生的荷爾蒙會去刺激皮脂腺，使青春痘惡化。

化妝品

為了消除青春痘，我們會使用「治療青春痘」的產品，但與其用這些，不如從減少使用化妝品這點來下手可能更有效果，像是粉底液、遮瑕膏等化妝品就會堵塞毛孔。另外，為了卸妝乾淨而使用的強效卸妝產品也會刺激皮膚。

手

有些人在長痘痘時，一定要用手或痘痘清除棒將痘痘直接擠出來，才會覺得暢快，但那樣反而會造成二次感染，甚至留下疤痕。如果真的想要擠掉痘痘，可以到醫院在無菌狀態下進行青春痘的擠壓治療。

在洗臉之前，務必將雙手洗乾淨。光是用洗面乳將額頭、下巴和耳朵周圍仔細清洗乾淨，就足以緩解青春痘情況了。特別是請用清水多次沖洗臉部。若是為了將臉洗淨，而使用洗臉巾或粗糙顆粒的磨砂膏，反而會對肌膚造成過度的刺激。

若青春痘狀況嚴重，可以去醫院請醫生開立處方箋、領取口服藥或塗抹的藥品。在這種情況下，通常會使用抗生素和皮脂分泌調節劑，但藥物依個人情況可能會產生副作用，所以一定要和醫護人員討論後再使用。除了服用藥物之外，還有雷射治療、皮下剝離術、擠壓治療和注射治療等方式可供選擇。

這邊也長、那邊也長！
體毛又粗又黑，尷尬死了！

　　另一個使我們感到混亂的青春期變化就是「體毛」。仔細觀察我們的身體，除了很顯眼的頭髮或眉毛，皮膚上還有細微的「汗毛」。不過，一旦到了青春期，體毛就會變粗。不只這樣，手臂、腿、腋下和生殖器周圍也都開始長毛。

　　究竟為什麼這些部位會長出體毛呢？頭髮梳整後可以讓人變美、變帥，但從腋下和生殖器周圍長出來的毛，卻不知道有什麼作用？然而，如同前面反覆提及的內容一樣，沒有一項身體變化是毫無理由的，人體會朝向對人類最有益處的方向來進化，因此身體的每一處都有其用途。那麼，體毛扮演何種角色呢？現在就來瞭解一下吧！

體毛的工作

　　細微的眉毛和睫毛可以防止灰塵和水侵入眼睛，同樣的，從腋下和生殖器長出來的毛也有功用。如果沒有腋毛，每當移動手臂時，腋下就會直接跟皮膚接觸而導致皮膚被磨破。此外，腋毛還具有分散汗水以及皮脂的作用，有利於腋下皮膚通風乾燥。至於長在生殖器的陰毛可以避免細菌或異物進入陰道內部，還具有包覆生殖器的保暖功能；在發生性關係時，陰毛可以避免彼此的皮膚互相碰撞而擦傷。

一定要除毛嗎？

　　瞭解體毛的重要性後，現在再看回自己身上的體毛，感覺舒服多了吧？肯定也有些人期盼能擁有無毛的光滑肌膚。現今的社會風氣，會特別強調女性要除去腋毛和腿毛，但除毛不過只是個人的選擇罷了，並不是非遵守不可的義務。若本人不願意除毛，按照原貌保留體毛也不會構成任何問題。

　　除毛的確會讓皮膚看起來比較光滑，但相對地，皮膚會變脆弱。因此，若除了毛，就要加強皮膚的保濕、保護。尤其在外生殖器部位除毛時，感染 HPV（人類乳突病毒）或生殖器疱疹──單純疱疹病毒的機率很高。

有些人在除毛後進行性行為時，會因為直接碰觸到彼此的皮膚而提高性致。反之，也有些人主張毛根與神經連接在一起，所以不除毛的部位性致感受更強烈（請想像將頭髮往上拉提的感覺）。

該如何除毛？

除毛有多種方法，可使用除毛膏、除毛刮刀、熱蠟除毛、剪刀修剪等。如果使用較髒的刮刀或者去不太衛生的熱蠟除毛店，皮膚可能會出現問題，所以要多加留意。

若選擇在家中除毛，沐浴後立刻進行最為合適，因為那時毛孔因濕氣和溫度而張開，對皮膚的刺激較小。請準備乾淨的拋棄式刮刀和刮鬍膏。為防止被刮刀刮傷或刺激皮膚，在除毛部位抹上刮鬍膏後，請使用微弱力道操作，並順著體毛生長的方向刮除。很多人為了剃得光滑，會往體毛生長的相反方向逆向剃毛，但這樣可能會使體毛切面插進皮膚、埋進肉中，出現毛髮倒生（Ingrown hair）的狀況。

除毛膏是藉由破壞蛋白質結構以溶解毛髮，所以除毛後新長出來

什麼是「修剪」？

這是指用剪刀修整的技術，只會留下 0.5~1 公分的體毛。請務必記得，使用在皮膚的工具，必須做好殺菌消毒。

的毛髮會變細。除毛膏對皮膚具有刺激性，可能會引發過敏反應，因此建議只使用於手臂或腿部等較不敏感的部位。而且初次使用時，需要先少量塗抹、確認是否有過敏反應。外陰部和肛門周圍的體毛不可以拔除或用除毛膏去除，因為黏膜周圍的皮膚本身非常敏感。

如果想進行雷射除毛，比起去一般的醫院，請諮詢皮膚科或整形外科的專門醫生來進行更專業的療程。

多毛症

倘若女性如同男性，在下巴、人中、胸部、腹部、背部等處長出過多的體毛，此症狀稱作「多毛症（hirsutism）」。引發此症狀的原因可能是男性荷爾蒙——雄激素分泌過多、對男性荷爾蒙產生敏感反應，或者是有家族病史等。

每 100 人當中，約莫有 5 ～ 10 人會出現多毛症，但每個人的成因、狀況不盡相同。在患有多囊性卵巢綜合症的人或者腎上腺功能出現異常的人身上，也可能出現此症狀，而且通常會伴隨月經週期不規則、高血壓或糖尿病等慢性病。如果你覺得自己體毛過於旺盛，請先確認整體的健康狀況後，到婦產科就醫。

長在我身上的體毛，
我決定！

在此分享某部愛情電影裡出現的有趣場景。兩個戀愛中的男女正在談情說愛時，男人看到女人的腋毛嚇了一大跳，男人認為女人的腋下理當要很乾淨光滑，但卻長滿了茂盛的腋毛，所以感到很慌張。但這時，女人毫無羞愧，反而露出對男人很失望的神情並說：「在阿拉斯加，女人一生都不會剃毛。」

最近全世界有許多女性在社群媒體（SNS）上，上傳自己腋毛的「認證照」，其中不乏有名的演員和歌手也共同響應這活動。世界知名的體育用品公司 Nike 還推出了「模特兒展示腋毛並擺出姿勢」的海報活動。由此可見，世界看待女性腋毛的認知正在改變。

正如前面所提到的，你可以選擇保留腋毛和腿毛，也可以選擇刮除。只要按照自身的意願來選擇就可以了，這不過是個人喜好罷了。「女性的皮膚應該要很白淨光滑啊！」將這種不合理又老舊的刻板觀念爽快地拋棄吧！想要怎麼對待自己身體的體毛，就按照自己的想法去做吧！請永遠記得這個事實：你身體的主人就是你自己。

生殖器

我很好奇看不到的生殖器，為什麼大人們避而不談呢？

　　生殖器是青春期產生最大變化的身體部位。為了在性方面維持一輩子的健康，應該多多瞭解這個部位。不過，雖然大家都對生殖器有許多好奇之處，卻不好意思發問，周圍的大人也都無法暢快地說明。感覺只要提到跟生殖器相關的話題，自己就會被當成奇怪的人，所以一直很在意別人的眼光。

　　生殖器大部分都隱藏在身體內，因此我們認為它很私密，然而，談論生殖器絕對不是一件奇怪或者需要看他人眼色的事。大人們之所以對這個話題避而不談、覺得尷尬，並不是因為覺得這是壞事，說穿了，只是不太瞭解的緣故。但如果我們因此就避開對它的認識，很容易不小心會導致疾病發生，甚至長大後誤以為在性方面很健康，卻招致更大的衝擊。我們一起成為瞭解自己身體和生殖器的健康女性吧！

外生殖器（外陰部）

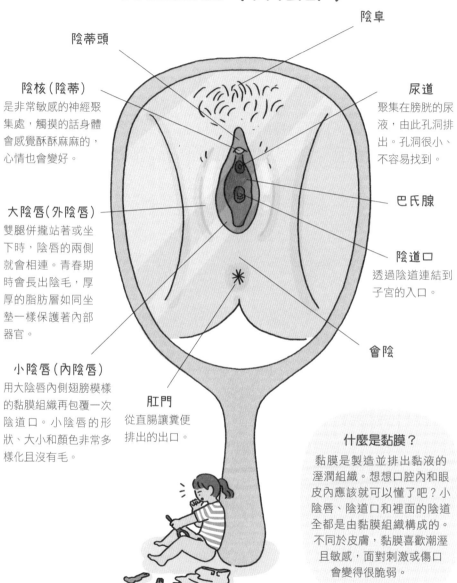

陰阜

陰蒂頭

陰核（陰蒂）
是非常敏感的神經聚集處，觸摸的話身體會感覺酥酥麻麻的，心情也會變好。

尿道
聚集在膀胱的尿液，由此孔洞排出。孔洞很小、不容易找到。

巴氏腺

大陰唇（外陰唇）
雙腿併攏站著或坐下時，陰唇的兩側就會相連。青春期時會長出陰毛，厚厚的脂肪層如同坐墊一樣保護著內部器官。

陰道口
透過陰道連結到子宮的入口。

會陰

小陰唇（內陰唇）
用大陰唇內側翅膀模樣的黏膜組織再包覆一次陰道口。小陰唇的形狀、大小和顏色非常多樣化且沒有毛。

肛門
從直腸讓糞便排出的出口。

什麼是黏膜？
黏膜是製造並排出黏液的溼潤組織。想想口腔內和眼皮內應該就可以懂了吧？小陰唇、陰道口和裡面的陰道全都是由黏膜組織構成的。不同於皮膚，黏膜喜歡潮溼且敏感，面對刺激或傷口會變得很脆弱。

該如何看待肚臍以下的地方？

　　如果從未看過自己的生殖器，可以在洗完澡後仔細觀察。只要坐在馬桶或浴缸裡，使用手拿鏡來看就行了；也可以把鏡子放在地板上，然後蹲在鏡子上看。如果不太清楚自己生殖器的長相，平常那裡感到不舒服或疼痛時，就不會曉得是哪裡出了問題。請常常用鏡子觀察自己的生殖器，這麼一來，就會漸漸熟悉它的長相，不再感到那麼陌生了。

　　我們去婦產科做檢查時，醫生會讓我們坐在特製的椅子上，坐下去時椅子會往上抬，讓腿張開，醫生就可以從中檢查外陰部。感覺很尷尬嗎？這對婦產科醫生而言，就跟檢查眼睛或口腔沒什麼兩樣，不需要擔心。而在有需要詳細檢查陰道內部和子宮入口的情況下，例如子宮頸抹片檢查異常，醫生則會使用陰道擴張器將陰道撐開，再用名為「陰道鏡」的器具對準子宮頸進行觀察。如果是有過性關係、曾將衛生棉條或手指放入陰道的人，可以順利地進行子宮頸檢查；若沒有相關經驗，則不需要勉強做檢查。

請正確呼喚自己身體的名字

　　一開始可能會對於稱呼生殖器感到陌生和尷尬，就連陰

道、陰唇都會用「那裡、下面、那地方、寶貝、寶地」等別名來代稱。令人惋惜的是，甚至有人會使用含有貶義的稱號。

「男人有辣椒，女人沒有。」你是否曾聽過這句話？其實，與男人的陰莖功能相同的器官正是女人的陰蒂。就像這樣，女人明明也有完整的生殖器，卻一直被當成不存在。從很久以前開始，大眾並沒有好好探索、也沒有認真討論過，女人的身體就這樣被忽視了。

因此，現在我們先正確瞭解自己身體（生殖器）的名字，然後試著唸出來吧！越是熟悉自己的身體，我們就越懂得珍惜自己的身體。

不論陰部外觀如何，本身就是美麗的

每個人外陰部的形狀、顏色和大小都不同。無論長什麼樣子，在小便、發生性關係或生孩子時完全不成問題。儘管如此，還是有人看不慣鬆弛的外陰部，想藉由整形手術切除部分的陰唇。不曉得是為了賺錢，還是真心相信特定模樣的生殖器才算正常，也有些醫生或伴侶會建議做外陰部整形。不過，不管生殖器外觀如何，那本身就是最美麗的。不管是朋友、伴侶或醫生，沒有人有權利隨意判斷我們自己的生殖器外觀。

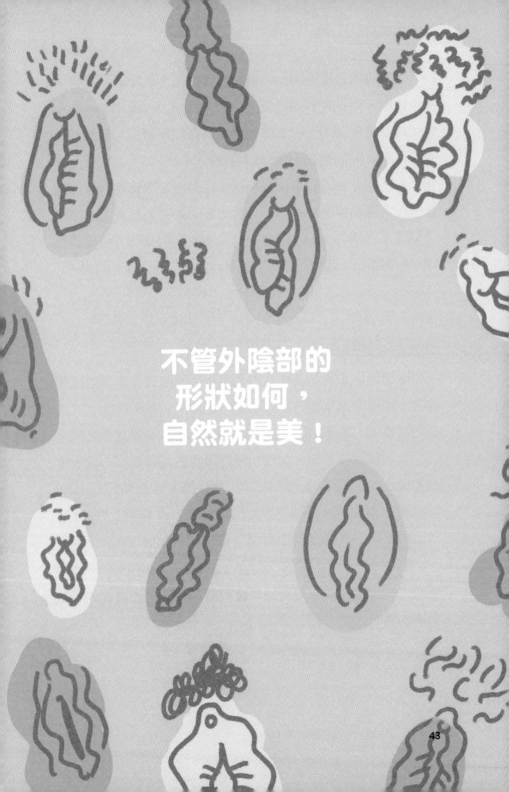

不管外陰部的
形狀如何，
自然就是美！

陰部的顏色也會因人而異，有些人天生偏粉紅，有些人顏色較深。而在青春期過後，隨著年齡增長，陰唇的顏色會越來越深是正常的，因為雌激素分泌會逐漸增加、聚集更多的黑色素，所以不需要為此感到自責或不滿。

此外，女性的陰部皮膚較為敏感脆弱，即使沒有特別因素，光是運動或長時間坐著，也可能會磨破和反覆發炎，或者經常罹患膀胱炎或尿道炎。若在發生性關係時，生殖器會感到嚴重疼痛，那麼可能會需要進行治療，請向醫生諮詢。

唯獨為了愉悅而存在的器官——陰蒂

你聽過陰蒂嗎？其實我也是進了醫學院之後才開始瞭解陰蒂，但是在大學也只學了名字就過去了。在不關注女性身體的世界上，這漫長歲月當中，陰蒂並沒有正確被人們認識。

在胎兒期的初期，女性和男性的胚胎長得一模一樣。接著在懷孕 12 週左右時，原本長得一模一樣的生殖結節（genital tubercle）部位開始逐漸長成不同模樣，女性發育為陰蒂（clitoris），男性則發育為陰莖（penis）。

陰莖向外突出，陰蒂則被埋在陰部中。我們肉眼可見的豆粒大小的陰蒂頭，其實只是陰蒂的尖端部分。沿著小陰唇背面，其中還隱藏著往兩側分岔開來的陰蒂腳。

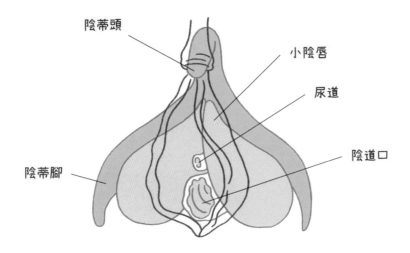

陰蒂頭

小陰唇

尿道

陰道口

陰蒂腳

　　陰蒂是人類擁有的器官中，唯一單純為了「快樂」而存在的器官。不覺得很酷嗎？這個小組織裡聚集了八千多個神經。陰蒂是極其敏感的部位，若小心翼翼地使用，可以得到非常棒的感受，但若弄不好可能會變得很痛。

STOP！
女性割禮

　在非洲和伊斯蘭國家的部分地區存在著切除陰蒂的傳統，稱之為「割禮」。這是出於「女性的性單純是為了生育」的錯誤觀念而產生的惡習，目的是使女性無法感受到愉悅。在不衛生的環境下，沒有施打麻醉劑就進行割禮，造成許多少女因出血過多或感染而喪命。幸運的事，多虧了堅持不懈地批判且主張廢除割禮的人權運動家們，已有越來越多的國家立法禁止割禮。

內生殖器

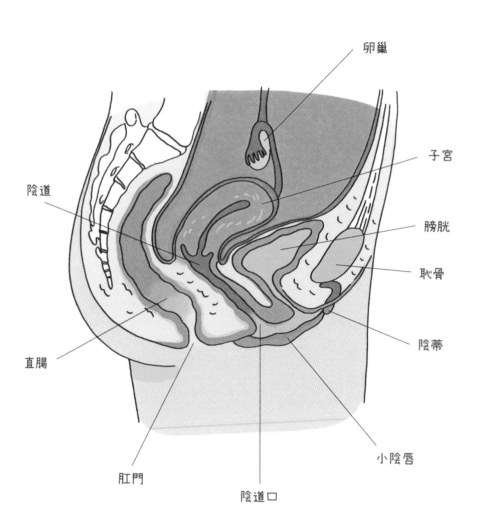

卵巢

子宮

膀胱

恥骨

陰道

陰蒂

直腸

小陰唇

肛門

陰道口

子宮

子宮的大小就和握緊的拳頭一樣大。子宮最裡面覆蓋著名為「子宮內膜」的柔軟組織，此外還有肌肉層包覆。隨著荷爾蒙週期，每個月子宮內膜會在特定的期間內脫落，形成「月經」。若懷孕了，子宮內膜就會用來保護胎兒、供給營養成分。子宮的體積最多可以增加到 4.5 公升。

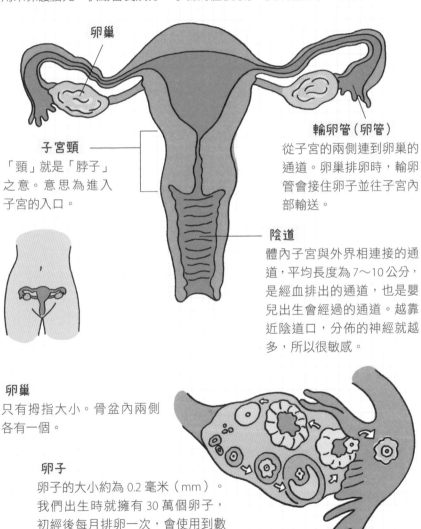

卵巢

子宮頸

「頸」就是「脖子」之意。意思為進入子宮的入口。

輸卵管（卵管）

從子宮的兩側連到卵巢的通道。卵巢排卵時，輸卵管會接住卵子並往子宮內部輸送。

陰道

體內子宮與外界相連接的通道，平均長度為 7～10 公分，是經血排出的通道，也是嬰兒出生會經過的通道。越靠近陰道口，分佈的神經就越多，所以很敏感。

卵巢

只有拇指大小。骨盆內兩側各有一個。

卵子

卵子的大小約為 0.2 毫米（mm）。我們出生時就擁有 30 萬個卵子，初經後每月排卵一次，會使用到數百個卵子。

陰道，比刀更強的刀鞘

陰道的英文叫「vagina」。這單字的拉丁語起源很有趣，來自「刀鞘」這個詞。古人把男性的生殖器看成刀、把女性的生殖器看成刀鞘，雖然這想法也許會使人感到有些鬱悶，但是刀鞘可是連刀都無法刺穿，扮演著保護作用。某方面來說，刀鞘比刀還強。

陰道非常有彈性，可以靈活地膨脹或收縮。平時會收縮到幾乎沒有空間的程度，但是在放入衛生棉條、月亮杯，或插入陰莖進行性行為時，陰道的空間會變得很充足。尤其在懷孕期間會分泌使肌肉變得柔軟的荷爾蒙，甚至可以讓頭部直徑達 10 公分的嬰兒輕鬆通過，而只要在分娩後一週，就可以恢復到懷孕前的狀態。

陰道黏膜對傷口和外部刺激的反應也很強。形成陰道黏膜的細胞，每96小時就會再生成全新的細胞。在第51頁的「陰道分泌物」單元中會談到更多的細節。

對於「陰道瓣」的誤解

「陰道瓣」是指位在女性陰道口內側，部分擋住陰道口的薄黏膜組織。在青春期之前可以防止雜質進入陰道內；青春期以後，小陰唇、大陰唇的脂肪或陰毛會代為扮演該角色，所以就變得沒那麼重要了。陰道瓣的外觀和厚度因人而異，大部分的女性一出生就有，但也有些人完全沒有陰道瓣，或者堵塞住了。

人們常說：「第一次發生性行為時，陰道瓣會破裂或者撕裂。」這是一個完全錯誤的說法。（如果陰道口完全被膜堵住，又怎麼會出現經血呢？不是嗎？）陰道瓣會在日常生活中逐漸裂開或拉長，也可能會透過性關係而擴大。有些人即便有過性行為也沒有被撕裂，而是完好無缺地保留下來。

事實上，本書故意使用「陰道瓣」這個單字，但大部分的人都使用「處女膜」一詞。不過，這個用法本身有問題。在韓國的《國立國語院標準國語大辭典》中是這樣說明的：「處女膜是封閉一部分陰道孔，以黏膜形成的皺紋，一旦破裂就無法修復。」這不僅是錯誤的內容，而且使用身體的一部分來定義處女或純潔（所謂的處女情結），是屬於舊時代的觀念。為了改善這樣的性觀念，最近出現了改用「陰道冠」、「陰道前膜」、「陰道瓣」等單字的趨勢。

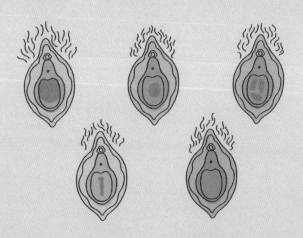

聽說還有「處女膜重建手術」，
那個東西有這麼重要嗎？

如同前面所提及的，因為被錯誤的「處女膜（陰道瓣）神話」所席捲，社會普遍認為，女性應該要珍貴地保護陰道瓣。因此，以不能撕裂陰道瓣為理由，禁止青少年使用衛生棉條或月亮杯等生理期用品，或者要求女人在結婚前進行陰道瓣的修補重建手術等等，這些強施加於女性身上的社會規範，讓眾多女性們痛苦不已。

甚至那些遭受性暴力傷害的兒童和青少年當中，有一部分人會認為「因為處女膜消失了，我的身體再也無法挽回，我的人生完蛋了！」而輕視自己。但是，加害者固然侵害了別人的身體，卻無法奪走受害者的尊嚴和人格。就算成為性暴力受害者的事實已然無法改變，身心也都受到傷害，但人的身體與心靈並不會因此變髒，傷口也是可以被治癒的。

不要對女性的「純潔」懷抱幻想，被這些錯誤、陳腐的觀念所吞噬。你的身體並非因為純潔或被他人喜愛才珍貴，你的身體本身就很珍貴。

陰道分泌物

內褲沾上的陰道分泌物，
讓人感覺很彆扭啊！

「我的內褲上總是沾了髒東西，該怎麼做才可以不要讓它出現呢？」我在婦產科進行診療時，經常會被詢問這個問題。尤其是剛進入青春期的少女，看到內褲上沾著白色或淡黃色液體時會感到驚慌失措，而且有時還會散發出異味，使人更加在意。

然而，內褲每天沾上分泌物，代表你正在度過很健康的青春期，所以無需擔心。讓人感覺很彆扭的分泌物，實際上在我們身體中扮演非常重要的角色。

我先前曾經說明為什麼「陰道」是一個很重要又美麗的器官，對吧？從陰道出現的分泌物，理當也會發揮重要的功能，不是嗎？現在我們就來瞭解它存在的用意吧！

守護陰道的白帶

自青春期開始，從女性陰道內分泌出來的分泌物被稱為「白帶」或「帶下」。白帶是由陰道內側黏膜分泌出的液體。就像死去的細胞會從皮膚上脫落一樣，陰道黏膜細胞也會為了再生而脫落。此外，黏膜為了維持溼潤的狀態會分泌水分。請想一下我們的眼淚或鼻涕，為了阻擋外來的異物或病菌進入體內，就會一直排出分泌物，這樣可以理解吧。

每天分泌 1 ～ 4 毫升（ml）的陰道分泌物，也就是稍微沾到內褲的程度是極其正常的現象。如果量太多，導致連外褲都浸濕，就需要靠護墊的輔助。即便如此還是不放心嗎？那麼，請想像一下嘴巴中完全沒有口水的乾涸狀況，應該會覺得很乾澀、很不舒服吧！

白帶的黏性或顏色會隨著月經週期而產生變化。排卵前會出現較稀的黏液或類似蛋清的分泌物，接近月經期的時候，則會出現黏稠又濃厚的分泌物。

活在我體內的細菌

構成陰道分泌物的另一個重要成分是常居菌（resident flora）。常居菌是指總是存在於人體的細菌，其中包含乳酸菌

在內，有許多種細菌都居住在陰道裡，而且每個人體內的細菌種類也不盡相同。「哇！我的陰道內竟然有細菌！」不需要這樣想喔！我們的皮膚、口腔和腸道中都存在著細菌，他們只是居住在那裡罷了，還會給我們的身體帶來益處呢。

等一下！乳酸菌？是把牛奶做成優酪乳的那個乳酸菌嗎？沒錯，乳酸菌的種類超過 180 種，所以製作乳酪或優酪乳的乳酸菌，和居住在陰道內的乳酸菌可以說是親戚。每個人身上的細菌種類非常多樣化，同樣地，乳酸菌的種類也非常多。

乳酸菌會分解從陰道壁脫落下來的細胞裡的肝醣，以此製造出乳酸，這種乳酸會使陰道內保持酸性，使得壞細菌無法生長。而受到乳酸菌製造出的乳酸影響，白帶也會發出酸味。除此之外，乳酸菌會直接製造出可以攻擊細菌的物質，在人體內形成互相幫助、共同生活的共生關係。

酸性和鹼性

酸鹼屬於物質的特性之一，pH 值越低，越屬酸性；pH 值越高，則越屬鹼性。鹽酸是 2、水是 7，香皂則是 12 左右。平時陰道內會維持 3.5 ～ 4.5 左右的弱酸性以進行平衡，月經期間流出的經血則是 7.4 左右的弱鹼性，打破原有的酸性。因此，月經過後陰道會變癢、更容易發炎。男性的精液也是 7 ～ 8 左右的弱鹼性，因此，若非預備懷孕的情況，建議不要直接在陰道內射精，這樣對陰道健康才有益處。

有需要使用陰道清洗劑嗎？

我們的身體基本上都會有「自淨」的功能，陰道也是如此，因此沒有必要將手伸進陰道裡或放入藥物來清洗，平常用清水清洗陰道入口和外陰部即可。如果使用的是鹼性肥皂，居住在陰道內的乳酸菌的酸性就會減弱，反而容易形成不好的細菌。但要留意，水是中性，如果清洗得太頻繁，乳酸菌也可能會被洗掉。

市面上販售的女性專用陰道清洗劑，大多是用酸性製成的肥皂。但是我們常常會被商品的廣告所嚇到，彷彿不使用陰道清洗劑，就會大事不妙。明明是身體的自然正常反應，卻讓我們開始認為那是骯髒的、需要消除的不正常東西，甚至有人覺得陰道要很乾淨、要有好的氣味，所以會在陰道或衛生棉上噴灑香水，最後導致發炎。

請銘記在心，有花香或果香的外陰部並非健康的外陰部。外陰部的黏膜表面比其他部位的皮膚弱 15 倍，而且很容易吸收化學物質，所以建議不要使用任何化學產品，只要用水輕微清洗就好了。

健康陰道的自我檢查表

當陰道分泌物的顏色或味道與平常不同時，
我們就會很不安，但並非所有變化都是有問題的。
如發生以下四種情況，請一定要去婦產科看診。

陰道狀態 Check List

發出魚腥味般的惡臭時

出現搔癢症狀時

分泌物的顏色呈現如膿皰般的深黃色或綠色時

分泌出許多像搗碎豆腐般的白色分泌物、感到非常癢時

雖然一般情況下不需要使用陰道清洗劑，
但若還是想要使用，請注意以下事項。

陰道清洗劑 Check List

「陰道清洗劑」的說法是錯誤的，絕對不能清洗陰道內。

不要在生殖器周圍使用止汗爽身產品（噴霧、粉）。

外陰部維持在弱酸性（pH5.3～5.6）的狀態最佳，
所以請使用弱酸性產品。

請避免使用寫有「美白、消炎、預防陰道炎、
縮短月經期間」等文宣的產品。

陰道清洗劑並非醫藥品，而是化妝品，
不要輕信浮誇不實的廣告。

請使用無香味的產品。

姊妹們的
祕密諮商室

月經後有時候會出現褐色白帶也沒關係嗎？
顏色太深了，讓我有點擔心。

>>>> 棕色白帶、黑色白帶，簡單來說就是老舊的血。陰道黏膜上
有許多或大或小的皺紋，因此月經結束後，殘留在皺紋之間
的經血也會和白帶一起排出。如果使用衛生棉條或月亮杯，
陰道內殘留的血就會變少，這種狀況會較快結束。不過，如
果不是只出現一下子，而是不正當出血（不定期出血），請
到醫院就診。

聽說擦屁股的習慣對陰道衛生也很重要……

>>>> 沒錯！肛門和陰道、尿道之間的距離很短，所以在擦屁股時，
如果從後面向前擦，或前後來回擦，那麼大便殘渣、有害細
菌就會沾到陰道和尿道，引發陰道炎和尿道炎。請養成大便
時，由前往後擦拭的習慣。

每次買內褲的時候都煩惱要買什麼材質，
內褲也會影響陰道健康嗎？

>>>> 我們身體有個稱為「淋巴」的系統，作用是將組織液中的病原體、廢棄物過濾後，把剩下的乾淨組織液送回靜脈，最後抵達心臟。淋巴液流通的管道稱為「淋巴管」，發炎因子或癌細胞也會透過淋巴管移動。淋巴細胞聚集的地方則叫做「淋巴結」。

腹部、大腿等區的淋巴液會聚集在腹股溝部位（三角內褲線條），如果穿著太緊的緊身褲、塑身衣或三角褲，這個部位的血液和淋巴循環就會不順暢，造成腿部浮腫。另外，淋巴結可能會造成發炎症狀或膿腫。用蕾絲或尼龍製作的內褲不容易吸汗也不通風，皮膚也可能因為材質而出現過敏狀況，所以，建議穿不會太緊繃的棉質內褲，或者不壓迫腹股溝的四角內褲（平口褲）。

月經

為什麼會來月經？拿衛生棉時可以不要遮遮掩掩的嗎？

　　只要身為女性，每個月一定會經歷一件事，短至兩天、長至一週，人們有時會用「那個」或「大姨媽」等委婉的方式來表達，指的就是「月經」。不瞭解月經的人會說：「月經不就是一個月流一次血而已嗎？」 其實倘若可行，我們也希望不著痕跡地默默讓這件事過去。

　　但是，月經在我們女性的人生中佔據了漫長的歲月。如果每個月都經歷一次月經、為期五天、長達四十年，那麼換算成女人一生的時間，至少有六年半在流血，所以沒有什麼好害羞或隱藏起來的，月經是很日常也很重要的事情。現在，要不要來正確地瞭解月經呢？

月經週期中的身體變化

經期中的荷爾蒙變化，不僅會使子宮和卵巢產生變化，也會引發全身性的變化。當然，每個人狀況都不盡相同，有些人以一個月為週期，對身體狀態的改變很敏感，有些人則沒有什麼特別的感覺就結束了。

月經期

即排出經血的期間。前列腺素（prostaglandin）的分泌刺激會引發經痛，身體比起平常會更浮腫或更常腹瀉。

卵泡期

卵巢內卵泡發育的時期。此階段會分泌雌激素，使得皮膚變光滑、髮絲有光澤、專注力也會變好。

黃體期

成熟卵子排出後，黃體素（progesterone）若分泌過多，身體會浮腫且消化不良。肚子會鼓鼓的，心情也容易陰晴不定。當症狀嚴重到影響日常生活作息時，稱之為「經前症候群（PMS）」或「經前不悅症」，這種情況建議要找醫生諮詢。

月經週期

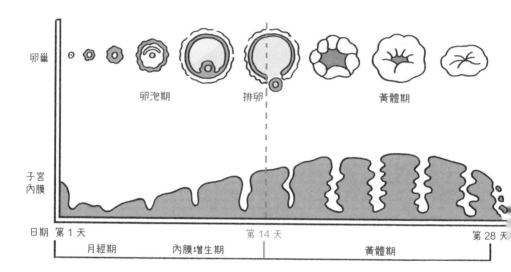

卵巢

卵泡期　　　　　　排卵　　　　　　黃體期

子宮
內膜

日期　第 1 天　　　　　　　　　　　第 14 天　　　　　　　　　　第 28 天

月經期　　　內膜增生期　　　　　　　黃體期

月經期

經血透過陰道從身體排出，
月經週期就開始了。子宮內
膜剝落的同時，大腦會刺激
卵巢，開始培養新的卵子。

卵泡期

卵子是養育在「卵泡」這個
房間裡。在卵泡生長的過程
中，分泌了越來越多的雌激
素。雌激素會刺激子宮內膜，
使血液和組織堆積得越厚。

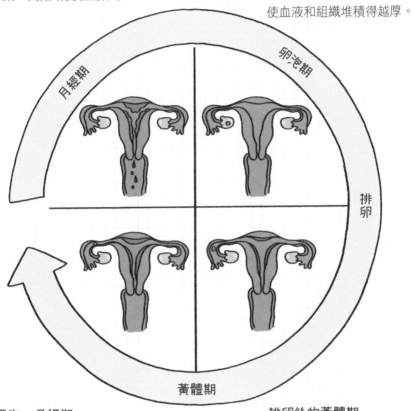

再次，月經期

卵子的壽命約2天，最長也只有3天。
過了那段期間，卵子就會消失，準備
好的子宮內膜也會剝落。剝落的內膜
組織和血液會透過陰道流出，即形成
「經血」。如果卵子在壽命期間遇見
精子，就會懷孕，子宮內膜則暫時不
會剝落。

排卵後的黃體期

如果卵泡長到最大值，就會
破卵而排出卵子，這稱為「排
卵」。卵子會透過輸卵管移
動到子宮內；排出卵子的卵
泡，則會皺縮成黃體，在這
裡製造讓子宮內膜成熟的荷
爾蒙「黃體素」。

「正常」的月經

很多人都會好奇自己的月經週期、期間、血量和顏色是否「正常」。不過，每一個人狀況都有所不同，什麼程度下算是正常呢？我們一起來瞭解看看！

月經週期

從月經開始的第一天直到下一次月經來的前一天，算為一個週期。平均週期是 28 天，但每個人的狀況都不一樣。月經週期落在 21 天到 35 天之間都不用擔心。不過，如果比 21 天短或比 35 天長，就有必要向醫生諮詢。然而，青春期開始後，大腦和卵巢會一邊發育一邊調整月經週期，因此在這段時間內週期可能會忽長忽短。初經後的一年當中即便發生週期不規則的情形，也毋須擔心。

月經期間

月經期間通常是 2 天到 7 天。若月經的期間超過 7 天，請到醫院就診。

經血量

經血量平均每天 30 毫升左右。如果血量大到必須每小時更換一次衛生棉或棉條，請到醫院就診。

月經週期管理方法

去婦產科時，基本上都會被問到最近月經來的日期，如果平常沒有特別記錄下來，其實很難記住，也無法掌握自己的月經週期。如果有定時記錄月經週期，不僅可以預測下一次的月經日程，還可以知道什麼時候去旅行或游泳比較適合、什麼時候懷孕的可能性較高、什麼時候胸部會變硬、身體會變重等等。因為月經週期不規律而需要去看醫生時，如果很瞭解自己的月經週期與期間狀況，和醫生討論起來也更輕鬆。

手機裡有許多好用的應用程式（App），可以幫助我們記錄。只要輸入月經開始日期，就能計算出週期，甚至會提醒你排卵日等等。每個應用程式的功能都不太一樣，尋找一款最適合自己的吧！

小月曆

具備基本的週期管理與追蹤功能，還可以寫日記，譬如記錄症狀、心情、服藥、同房日期等，也能為個人設定排卵日或受孕期等重要日的提醒。

Clue

這是全世界最多婦產科醫生推薦的應用程式。人工智能可以精準地預測月經週期，並具體管理經前症候群（PMS）、頭痛、心情變化等。

Period Tracker

不僅可以管理月經週期，還可以按月經前後的日期來統整症狀或心情。若到了容易懷孕的時期，就會開出花朵，具有很可愛的介面設計。

經血顏色

經血顏色本身沒有特別含義。許多人認為黑色的血不健康，紅色的血才算健康，但事實並非如此。若經血的量較少，排出的速度就會變慢，血液長時間在陰道裡自然會氧化變黑；若經血量多，就會立刻排出，所以血的顏色才會是鮮紅色。若出現過多的鮮血（清晰紅血），反而需要去醫院就診。

計算黃金受孕期

若月經週期很規律，就可以推測容易受孕的時機。身體在預計下次來月經的 14 天前會開始排卵，精子的平均壽命為 5 天，卵子的平均壽命為 2 天，在考慮這些時間點的情況下來計算黃金受孕期。

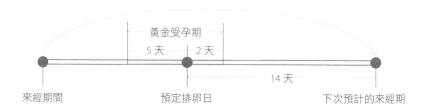

若月經週期為 28 天時

1 月 1 號月經開始→ 1 月 29 號預定來經日→預定來經日

的 14 天前── 1 月 15 號為排卵日→從 1 月 10 號至 17 號是
黃金受孕期

若月經週期為 35 天時

1 月 1 號月經開始→ 2 月 5 號預定來經日→預定來經日的
14 天前──1 月 22 號為排卵日→從 1 月 17 號到 24 號是黃金
受孕期

女性之間，通常月經週期不準確的情況是更多的。週期
越不規則，就越難預測黃金受孕期。如果是這情況的人，在
最近的 6 個月當中，將最短的月經週期減去 18 天，最長的月
經週期減去 11 天，這段期間都算是黃金受孕期。

我們舉個例子來計算看看，
月經開始日為 1 月 20 號、2
月 18 號、3 月 18 號、4 月
16 號、5 月 12 號、6 月 9 號、
7 月 9 號的人，她 7 月的可
懷孕期會是何時呢？她 6 個
月內的月經週期分別為 29
天、28 天、29 天、26 天、28

跟月經有關的惡習

以前，包括宗教人士在內的許多
人都對於女性定期流血卻不會死
掉的身體感到害怕或崇拜。現在還
有部分地區認為有月經的女性並不
潔淨，把她們關在遠離村莊的小木
屋裡。在海外旅行的時候，甚至可
能會遇到不讓正處於月經期的女
性入境的人。這些都是錯誤的
迷信和惡習。

天、30 天，將這段時間內最短的一次週期（26 天）扣除 18 天，就是 8 天；最長的週期（30 天）扣除 11 天，就是 19 天。那麼，如果 7 月 9 號開始出現月經，從第 8 天的 7 月 16 號到第 19 天的 7 月 27 號為止，可以視為黃金受孕期。

挑選生理用品

初經過後，每個月都需要準備生理用品。雖然非常麻煩和有負擔，但為了自己身體的衛生和安全著想，必須要特別花心思。生理用品從眾所皆知的拋棄式衛生棉、純棉布衛生棉、衛生棉條到月亮杯等等，產品五花八門，只要從中找尋最符合自己的產品即可。

拋棄式衛生棉

貼在內褲上的長方形棉墊，分為一般型、翅膀型、量少型、量多型等等，可以按個人需求選擇形狀和長度。

拋棄式衛生棉使用起來雖然簡單，但大部分裡面含有合成表面活性劑、漂白劑、人工香料等各種化學物質，而會接觸到衛生棉的皮膚就像嘴唇一樣表皮很薄，容易吸收有害物質。如果外陰部的皮膚很敏感，或者黏膜的免疫力較差，對

抛棄式衛生棉的化學物質反應就會更加敏感。再加上，黏膜比起皮膚更容易吸收化學物質。

如果出於不得已，只能使用抛棄式衛生棉，那麼請在購買衛生棉時，仔細檢查產品含有哪些成分、是否都有標示清楚。如果外陰部皮膚經常腫脹或破皮，請使用不含人工香料（如中藥香、花香等）的產品，然後每隔 4 ～ 8 小時更換一次衛生棉。如果太頻繁更換衛生棉，就得經常接觸化學物質，但若因此就長時間不更換，皮膚會潮溼而產生溼疹，衛生棉也可能會增生細菌、引發皮膚問題。

純棉布衛生棉

用棉布製成的衛生棉，只要清洗就可以重複使用。若你是敏感性肌膚，很在意經血的味道或者經痛症狀嚴重的人，則可以試試看，因為棉布衛生棉透氣性好、出汗少、對皮膚的刺激較小，而且幾乎不會有經血的味道。

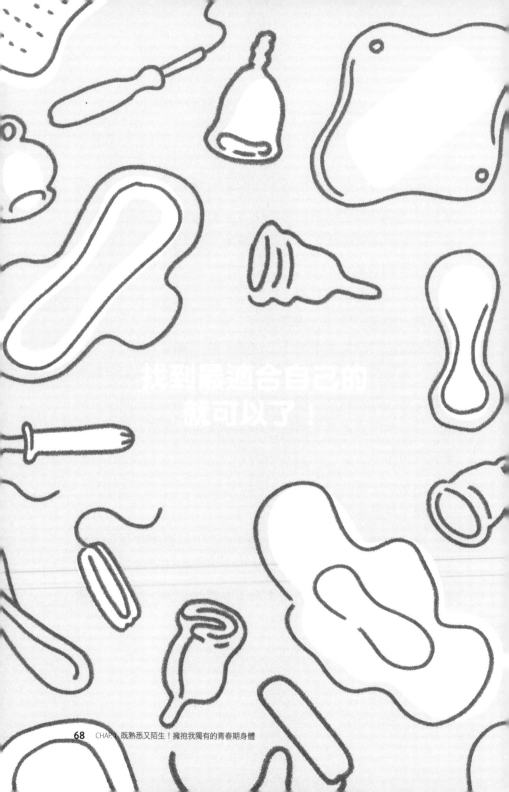

清洗棉布衛生棉的方法比想像中還要簡單。首先用冷水來沖洗沾在棉布衛生棉上的血跡，然後倒入清潔劑，在冷水中浸泡 5 ～ 6 個小時左右，浸泡過後用手洗，或者放進洗衣機中清洗就完成了。經血接觸熱水後，可能會迅速凝固而洗不乾淨，所以一定要使用冷水。即使有留下一點點污漬，只要清洗乾淨、晾乾，再重複使用也不會出現任何問題。如果希望能維持白色，可以將過碳酸鈉加進倒入清潔劑的水中去煮，但是不能煮太久，否則棉布衛生棉的壽命可能會縮短。

衛生棉條

衛生棉條是插入陰道內吸收經血的圓柱狀小棉球，由棉、人造絲等材料製成。因為需要放入陰道內，一開始使用可能會不太舒服，但只要熟悉放入的方向和角度，在月經期間就可以自由自在地活動，尤其要去游泳的時候特別實用。在插入衛生棉條之前，一定要將整雙手和手指清洗乾淨。

衛生棉條的尺寸有很多種，如果寫「量多」或「夜用」，代表衛生棉條更大、更厚且吸收力更好。不過，通常尺寸越大，越容易忘記更換。若在陰道內長時間放置衛生棉條，可能會引發嚴重的併發症——毒性休克症候群（TSS）。根據血量多寡，更換棉條的時間也不同，但建議每隔 4 ～ 6 小時更換一次，最長不要超過 8 小時。

月亮杯

使用矽氧樹脂（Silicone）或橡膠製成的杯子。放入陰道內後，每隔 8 ～ 12 個小時取出倒空杯子裡的經血，清洗乾淨後再重新放入陰道即可。月亮杯可以半永久性地使用，不僅對環境有幫助，也不含有害的化學物質，對身體不會產生任何影響。如果使用衛生棉條讓你感到不舒服，也可以試看看月亮杯。

然而，因為月亮杯的大小有 3 ～ 4 公分，如果不熟悉（尤其是沒有性經驗的狀況下），在放入時可能會感到不舒服。和衛生棉條一樣，在放入月亮杯時，務必要將手和手指徹底清洗乾淨。此外，即便無法每次都做到，也不要忘記在月經期結束後使用熱水消毒。

月經褲

月經褲是吸收經血的功能性內褲。不需要另外用衛生棉，非常便利，也不容易溢漏。月經褲最大的優點是不會留下垃圾，環保又經濟。雖然第一次購買時費用偏高，卻可以使用很久。就像拋棄式衛生棉有各種尺寸一樣，月經褲的厚度或設計會根據吸收量而有所不同，看是要血量多的時候穿，還是睡覺的時候穿，有各式各樣的選擇。但如果血量過多，還是可能會溢漏，建議每隔 4 ～ 8 小時更換一次。

至於以「生理褲」名義販售的薄內褲，是防水材質，可以防止經血外漏，卻不容易吸收經血。生理褲是搭配衛生棉條、衛生棉或月亮杯的輔助型內褲，與月經褲不同，購買時請留意不要搞混了。

生理用品使用方式

若能正確掌握生理用品的使用方式，就不會感到驚慌失措了。

從拋棄式衛生棉到月亮杯，一個一個來學習使用方法吧！

拋棄式衛生棉

 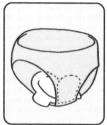 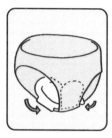 

①撕下衛生棉背面的塑膠紙。

②將衛生棉背面的黏貼處貼合內褲內側。

③如果是翅膀型（蝶翼）衛生棉，則將翅膀摺好固定。

④將使用過的衛生棉捲起，拿衛生紙或衛生棉包裝再包裹一次，扔進垃圾桶（絕對不能丟進馬桶）。

純棉布衛生棉

①將純棉布衛生棉的背面貼合內褲內側，然後將翅膀部分的鈕扣固定在內褲上。

②遇到出門在外需要更換的情況時，請將使用過的棉布衛生棉捲起，扣上鈕釦後保管在攜帶式化妝包裡。

③將血跡沖洗乾淨後，加入冷水浸泡清潔劑，再用手洗或放進洗衣機中清洗。

④在陽光下曬乾。

衛生棉條

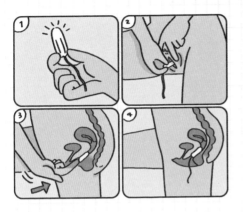

無導管的衛生棉條（只有棉團和線）

①先用肥皂將手洗乾淨，以「讓線從身體外側出來」的方向來抓住衛生棉條。

②用一隻手稍微打開外陰部、找到陰道口後，將衛生棉條的尾端推進去。

③將衛生棉條推入至一根手指頭能完全插入的深度。想成是往斜上方 45 度角推入即可。

④若是完全插入的狀態，就不太會有異物感。

附有導管的衛生棉條

①用肥皂將手洗乾淨，從握把處握住導管。

②確認線的尾端位於握把後方。

③用一隻手稍微打開外陰部、找到陰道口後，從外導管的前端推入。

④將導管推入陰道內，直到導管全部進入為止。想成是往斜上方 45 度角推入即可。

⑤按壓內導管，將棉條推入，再拔掉導管，注意不要連線一起抽出來。

★ 如果在放入導管的過程中感到疼痛，可以稍微沾點嬰兒油或潤滑劑再插入。

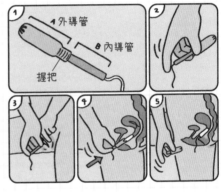

月亮杯

①用肥皂將手洗乾淨。

②將月亮杯摺疊後用手握住。

③用一隻手稍微打開外陰部，另一隻手將月亮杯推入陰道內。只要想成是往斜上方 45 度角推入即可。

④確認月亮杯有完全展開。如果展開不完全，可能會漏經血，此時可以輕輕拉動杯柄調整，或者像排便一樣先用力後再放鬆，在這過程中尋找較舒服的位置。

★摺疊月亮杯的方法有許多種，只要方便置入、展開就行了。

有月經＝需懷孕生子？
不論是哪個，你都有選擇的權利！

「擁有月經」代表擁有一副隨時可以受孕的身軀。這麼說來，月經的存在只是為了懷孕嗎？這句話只對了一半。準確地說，「月經」是為了盡量減少懷孕時受傷的準備過程。

固定擁有月經的動物只有靈長類、蝙蝠和象鼩。其餘的動物一年或數年才會發生一次，牠們只有在準備懷孕的期間會預備子宮內膜。而人類或靈長類的胎兒會強烈地鑽進母體的子宮、奪走母體的血液和營養成分，為了應對這個狀況，需要提前把子宮內膜弄得像盾牌一樣厚。但若一直維持那個狀態，會浪費能量，所以必須定期讓子宮內膜剝落，也就是

形成月經。因此，月經可以說是女性身體應對「懷孕」這一個大事件的方式。

但是如果說「女性有月經，所以要生孩子！」這就跟「有聲帶的人都要成為歌手！」這句話沒兩樣。我們的奶奶或曾祖母會生三、四個，甚至到十個孩子，但現在許多人只會生一兩個，或者完全不生。跟過去的時代不同，現在的女性可以自由選擇是否要結婚或生育。而且多虧了科學和人權的發展，避孕方法多元，且變得廣為人知。女性若想要有月經就繼續擁有月經，如果沒有懷孕生子的計畫，也可以用避孕藥或子宮內裝置手術等方法來進行調整。

經前
症候
群
&
經痛

經前症候群和經痛
真讓人不舒服到厭世感爆棚！

　　什麼！每個月流血已經夠累了，甚至還會生病？在初經來臨之前，如果聽到周圍的人談論經前症候群和經痛，可能會覺得很害怕，也會莫名其妙產生一種委屈的感覺。實際上有許多女性在月經前或月經來的期間，都有疼痛、不適伴隨而來，經歷了多種身體和情緒上的症狀。

　　經前症候群和經痛的症狀因人而異，若程度太嚴重，請將其視為疾病來處理。尤其在月經來之前，有些人會產生特別嚴重的無力感，或者情緒起伏較大，很容易讓人產生「我的個性出現了什麼問題嗎？」這類的想法。這並非自己個性的問題，而是荷爾蒙變化造成的症狀，換個角度來思考，這就代表有方法可以緩解症狀。那麼從現在開始，我們一步步來瞭解吧！

什麼是經前症候群？

據說有 70 ～ 80% 的女性，月經來之前會經歷乳房痛、腹部腫脹、頭痛等一種以上的症狀。其中有三分之一的女性情況較嚴重，每個月都會反覆經歷這些症狀，這被稱為「經前症候群（premenstrual syndrome, PMS）」。若是情緒低潮、精神不穩的情況較嚴重，則稱為「經前不悅症（premenstrual dysphoric disorder, PMDD）」。如果症狀已經嚴重到會對日常生活產生影響的程度，就需要諮詢婦產科。

不過，不妨換個角度思考看看吧！如果某個月感到特別辛苦，請仔細想想在那個月自己發生了什麼事，是否有因為考試或與朋友之間的衝突而承受了很大的壓力？是否常常吃速食或微波食品？經期前的不適症狀就是一種由身體發出的信號和警訊，請豎耳傾聽身體想對你傾吐的內容：「下次要注意這部分！」、「現在該休息一下了！」藉此尋找最適合自己身體的生活習慣。

每個人都會經痛嗎？

越靠近月經期，身體會慢慢釋放出一些信號：身體浮腫、胸部腫脹疼痛、食慾產生變化。經痛是在剝落的子宮內膜排

減緩經前症候群和經痛的生活習慣

在此介紹幾個最具代表性，可以緩解經前症候群和經痛的生活習慣。不過，這並非對所有人都奏效，因此請參考以下內容，一項一項嘗試，藉此找出最適合自己的方式吧！

可以緩解經前症候群的生活習慣

☐ 減少攝取過鹹的食物

☐ 適當休息和做有氧運動

☐ 攝取富含鈣的食物（優格、菠菜等）

☐ 減少攝取咖啡因和酒精

☐ 如果乳房疼痛，可使用月見草油

可以緩解經痛的生活習慣

☐ 喝洋甘菊茶或薰衣草茶這類能緩解緊張的熱香草茶

☐ 跟喜歡的人擁抱

☐ 使用棉布衛生棉

☐ 每天做伸展運動

☐ 用暖暖包或熱水袋保暖肚子

☐ 用泡腳來提高體溫

☐ 攝取低脂肪食物、富含不飽和脂肪酸的堅果、鎂、維生素 E、維生素 C

☐ 減少攝取提升血糖的巧克力和糖類製品

☐ 減少攝取精製碳水化合物（白米飯、麵條、白麵包）

☐ 以止痛藥減輕疼痛感

出體外的過程中，因子宮收縮所造成的疼痛。主要出現於經期前後，疼痛的部位可能在腰部、腿部等，每個人都不同。

　　經前症候群和經痛屬於很自然的症狀，但如果痛感或情緒起伏過於嚴重而影響到日常生活，也可以選擇用「調節荷爾蒙」的方式來處理。請與身旁的長輩或醫生商量看看。

正確使用止痛藥

　　經前症候群和經痛症狀嚴重時，可以使用止痛藥來輔助。尤其含有布洛芬、萘普生成分的止痛藥，對於緩解經痛有很大的幫助。請按照藥物包裝上的指示來服用，以盡可能降低產生副作用或耐藥性的危險。如果等痛感出現後才吃藥，要等好長一段時間藥效才會顯現，建議要在感到疼痛之前就先服藥。

　　醫院或診所開的止痛藥有非常多種，如果把從藥局買來的、一個週期份量的止痛藥都吃完之後，疼痛卻沒有消除，請諮詢醫生來找尋符合自己的止痛藥。

　　下列為幾款市售止痛藥的成分和特點。

產品名	成分	注意事項	建議劑量
泰諾（Tylenol）	乙醯胺酚（Acetaminophen）	沒有消炎作用，所以不推薦經痛使用。	每日 4000mg 以內
安疼諾（Advil）布洛芬（Ibuprofen）	布洛芬（Ibuprofen）200mg		1 次吃 1～2 粒 1 日 3～4 次
Gnal-N Tab.	布洛芬（Ibuprofen）75mg 咖啡因（Caffeine Anhydrous）40mg Allylisopropylacetylurea 30mg	Allylisopropylacetylurea 成分含有鎮靜作用，可能會嗜睡。	1 次吃 2 粒 1 日 3 次
GnalN-Q Tab.	布洛芬（Ibuprofen）75mg 咖啡因（Caffeine Anhydrous）40mg 丙烯異丙乙酸尿（Apronal）30mg 氧化鎂（Magnesium oxide）50mg	含有鎂成分，有助於緩解經前症候群。	1 次吃 2 粒 1 日 3 次
Penzal Lady Tab.	布洛芬（Ibuprofen）200mg Pamabrom 50mg 矽酸鎂鋁（Magnesium Aluminum Silicate）100mg	Pamabrom 是利尿劑，身體浮腫或乳房痛時可以服用。矽酸鎂鋁是抑酸劑，可防止火燒心。	1 次吃 1 粒 1 日 3 次
Tak-Sen Eve Soft Cap. EZN 6 Eve Soft Cap. Priena Soft Cap.	布洛芬（Ibuprofen）200mg Pamabrom 25mg	Pamabrom 是利尿劑，身體浮腫或乳房痛時可以服用。	1 次吃 1 粒 1 日 3 次
Carol-F Tab.	精胺洛芬（Ibuprofen arginine）200mg	減少胃腸的負擔。	1 次吃 1～2 粒 間隔 4～6 小時服用
EZN6 Strong Soft Cap. Tak-Sen Soft Cap.	萘普生（Naproxen）250mg		1 次吃 1 粒 1 日 3 次
EZN6 Pro Soft Cap.	Dexibuprofen 300mg		1 次吃 1 粒 1 日 3 次
Buscopan Plus Tab.	乙醯胺酚（Acetaminophen）500mg Scopolamine Butylbromide 10mg	具有鎮靜作用，所以在收縮痛或腹瀉時效果很好。	1 次吃 1～2 粒 1 日 3 次

★ Geworin Tab、散利痛（Saridon-A Tab.）中含有 Isopropylantipyrine 成分，可能會引發血液疾病或神經疾病，所以不予推薦。

★ 上表中的乙醯胺酚（Acetaminophen）、布洛芬（Ibuprofen）、Dexibuprofen、萘普生（Naproxen）是鎮痛成分。據說，鎮痛效果的強度是乙醯胺酚（Acetaminophen）< 布洛芬（Ibuprofen）< Dexibuprofen < 萘普生（Naproxen）。每個人狀況可能都不一樣，請尋找適合自己的鎮痛成分和劑量。

姊妹們的
祕密諮商室

月經偶爾沒來，需要擔心嗎？

>>>> 月經是身體在保有資源和精力、可以懷孕生子的狀態下才會
出現的。在承受嚴重的壓力、營養不良或進行過度運動時，
身體就會意識到「我現在處於危險狀態啊！」而有跳過月經
週期的可能。如果只是跳過一個月、從下個月開始就按照原
本的模式出現月經的話，就沒有大礙，但假如 3 個月以上沒
有月經，或者一年只經歷 8 次以下的月經，請去醫院看診。

月經其實是壞東西從身體流出來吧？

>>>> 也許是因為小便和大便都是從身體下面出來，導致許多人認
為經血是廢物或殘渣。因此，即使子宮因為發炎症狀或疾病
而出血過多，卻有人認為那是在代謝廢物而選擇不去醫院，
又或者在因經痛、避孕等狀況，需要進行中斷月經的治療時
感到反感。然而，如同前面所提及，月經只是荷爾蒙週期產
生的結果，月經本身不好也不壞。

月經來的時候身體就會浮腫，我是變胖了嗎？

>>>> 月經開始前夕被稱為黃體期，此時，我們的體內會分泌許多
儲存水分的荷爾蒙，因此胸部會腫脹，臉部和腹部也會鼓起
來。這絕對不是變胖，請不用擔心，只要不吃得太鹹，就有
助於減輕浮腫的狀況。

在月經期間發生性行為就不會懷孕，對吧？

>>>> 假設月經來了一週左右，在最後一天發生了性行為。考量到精子可以存活 5 天，如果月經週期是 25 ～ 26 天，從月經開始之日起算，大約在第 11 ～ 12 天左右會排卵，所以在這狀況下也是有可能受精的。尤其青少年的月經週期容易不規律，難以預測排卵何時會發生，因此不要在月經期間就掉以輕心，一定要使用避孕套等避孕措施。

許多人好奇，在月經期間進行性行為是否對健康不好，其實如果你想要，進行性行為也不成問題。有些人在月經期間性慾會變得更強，透過令人滿意的性關係、性高潮，甚至可以減少經痛。 不過，月經期間子宮頸會比平時更加開放，而且經血會導致陰道環境變成鹼性，以致於在各方面都變得更容易感染，因此請務必使用避孕套。

初經出現後，就會停止長高嗎？

>>>> 我們一生中長高最快的時期是從青春期開始到初經之前。即便是初經過後，平均也會高個 7 公分左右。滿 15 ～ 16 歲時的身高，大致上可以視為幾乎長好的身高，但是根據姿勢和運動習慣的不同，有可能會再長高，所以建議要持續運動。

懂身體再談性！誠實面對我的性與愛課題

性（Sexuality），指的是
「我們承認且接納自己是個具有性徵的存在」。
感受到自己擁有何種性徵，
在與他人的關係中產生何種性方面的情感、
建立了何種關係等等都包含在內。
我們的性和愛是如何從身體裡產生，
又是如何連結起來的呢？一起來瞭解看看吧！

什麼是性別認同和性取向？
跟我喜歡男生女生有關係嗎？

　　青少年時期是探索自我性別認同的時期。身分認同（identity）指的是一個人認為自己是怎樣的存在，簡單來說，就跟「自我介紹」沒兩樣，「我喜歡貓」、「我是和平主義者」、「我在家裡排行老二」、「我是黃種人」就像這樣的介紹一般。

　　其中，任何人都會感覺到自己是女性、男性或中間的某個模糊地帶，「性別認同（gender identity）」就是指自己對於性別的看法。人出生後，雖然會被判斷為女性或男性（指定生理性別），而且大多數人也都直接接受那個結果，不過也有些人不這樣認為，隨著時間流逝，他們會改變性別認同。

性別指定和社會性別

見到小嬰兒，大人們總是最先問一句話：「是女孩還是男孩呢？」嬰兒出生後，婦產科醫生和小兒科醫生就會確認嬰兒的外陰部，有陰莖的就是男性，有陰唇的則認定為女性，這動作稱為「性別指定（assigned sex）」。進行性別指定後，一旦進行出生登記，孩子就會被區分成女性或者男性。

在這過程中，人們也會受到社會風俗對於性別的固定觀念影響，例如家長會買粉紅色的衣服和玩偶給女兒；買藍色的衣服和機器人給兒子等等。如此一般，一個人會把自己視為女性／男性、自己想表現出何種程度的女性氣質／男性氣質，不僅受到與生俱來的生物性別影響，同時也受到養育過程和社會風俗的影響，這就稱為「社會性別（gender）」。

我們的性別由什麼來決定？

在進行生物性別指定時，有許多的判斷標準。

性染色體和基因

孩子從父母各得到一半的 23 對遺傳基因中，最後一對是性染色體。若這個性染色體是 XX 的話是女性，若是 XY 則是

性染色體和遺傳基因

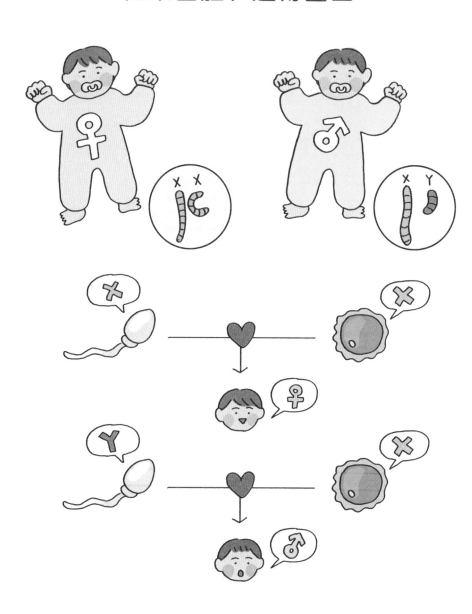

男性。媽媽身上的卵子只有 X，爸爸身上的精子則有 X 和 Y，
在卵子和精子相遇時才會決定你是女性還是男性。

　　然而，有些人身上還是會出現 XO（女性少一個 X 染色體）
或 XXY（男性多一個 X 染色體）的組合，甚至有些人出生時，
染色體明明是 XX 卻擁有男性的生殖器。這是因為性別是由比
染色體更小單位的遺傳基因形成的。

外生殖器和內生殖器

　　從受精卵到懷孕十週為止，女性胎兒和男性胎兒的長相
完全一模一樣。以一樣的材料開始，透過多種遺傳基因的連
續作用，才會形成外生殖器和內生殖器。前面曾經提過，女
性的陰蒂等同於男性的陰莖，還記得嗎？在「生殖結節」這
個部位長出陰莖的人就是男性、長出陰蒂的人則是女性。

不過，如果有先天性的遺傳基因變異，出生時可能會擁有形狀模糊的生殖器，也有可能一出生時就同時擁有女性和男性的生殖器，這稱為「雙性人（Intersex，又稱間性人）」。

　　據說每 100 個人當中，就有 1 個人的遺傳基因、染色體或者外生殖器不符合典型的性別分類。許多雙性人在小時候被父母和醫生判定成單一性別，然而最近學界對於以下主張的呼聲越來越高：自己的身體狀態如何？自己想以何種身分來生活？青春期的身體會產生何種變化？應該要先充分體驗並思考過後，讓人能夠自己做出決定。

　　德國從 2019 年開始，在出生證明或護照等正式文件上標記性別時，除了女性、男性之外，還另外準備了一個「多元」的性別欄位。如果社會中有根深柢固的「必須按照兩種性別來生活」的觀念，而造成歧視或偏見的發生，那更改社會制度也許可以成為消除歧視的方法。除了德國之外，澳洲、加拿大等國家也正認真地考慮這類的做法。

順性別和跨性別

　　許多人認為，如果自己出身時是女性，就應該要認為自己是女性；如果出生時是男性，就應該要認為自己是男性。

正因為性和愛
有繽紛多彩的顏色，
所以才美麗！

像這樣，認為法律賦予自己的性別和自己的性別認同一致的人，被稱為「順性別（cisgender）」。不過，在全體人口中，有 0.5 ～ 1% 的人自己認知的性別與出生時的性別不同，這些人被稱為「跨性別（transgender）」。

跨性別者可能在一生中都會感受到性別不一致，也可能只有在短暫的一段時間中會產生這種感受。跨性別者會穿上適合自己心理性別的衣服與打扮，或進行荷爾蒙治療或手術等來表達自我，有些人則會改變法律上登記的性別，重新取得身分證號碼。

「順性 cis」和「跨性 trans」

在拉丁語中，順性別（cisgender）的「cis」有「相同」、「平行」之意。而跨性別（transgender）的「trans」則有「超越」、「越過」之意。

多元的性取向

性取向（sexual orientation）是指一個人對他人產生吸引力或愛的情感。許多人認為女性只會在男性身上感受到吸引力、墜入愛河，然而，這世界上存在著多元型態的愛情。

被和自己擁有不同性別的人吸引的情況稱為異性戀（heterosexual），被同樣性別的人吸引的情況則稱為同性戀（homosexual），被兩個性別同時吸引的情況稱為雙性戀（bisexual），不被任何性別吸引的人則稱為無性戀（asexual）。

被女性吸引的女性稱為「女同志（lesbian）」；被男性吸引的男性則稱為「男同志（gay）」。就像許多人煩惱於愛的情感一般，性取向的單字也是多采多姿。有些人很早就確信自己的愛情和慾望，有些人則是在成長和煩惱過程中產生變化。

受到將同性戀視為違反教理的基督教或伊斯蘭教等宗教之影響，在過去的醫學知識裡，同性戀被誤判為精神疾病。基於多種原因，性少數者長期受到壓迫和懲罰，而在禁止暴露身分的情形下，性少數者不得不感到畏縮。相反地，古希臘認為男性之間的愛情是最高貴的，從此事實來判斷，不同時代、不同的社會文化背景和性取向有極大的關聯。

為什麼有人愛同性，有人愛異性呢？至今還沒有辦法透過科學找到答案。但是愛情怎麼可能只有一個答案呢？唯一肯定的是，就像不是自己想變成黑人或白人就可以隨心所欲地成為那模樣，我被誰吸引，這也不是能夠單靠意志來選擇或被別人強硬改變的事情。因此，無法說誰對、誰錯，也無法說誰正常、誰不正常。

性少數者

性別認同並非順性別者、非異性戀而是擁有其他性取向者、擁有不屬於女性／男性二分法的身體或染色體者等等，都包含在「性少數者」的範圍內。一般佔總人口的 2～5% 左右。也就是說，每 20 人當中就有 1 人是性少數者。多元的性少數者亦被稱為「酷兒（Queer）」。我們常聽聞的 LGBT，就是指 Lesbian、Gay、Bisexual、Transgender；LGBTQ 則是再加上 Queer 或 Question（對性別、性向疑惑者）。

捍衛 LGBT 人權的
酷兒遊行

1970 年 6 月 28 日，一群性少數者在美國紐約走上街頭遊行。而在遊行的前一年，美國警察襲擊了同志酒吧，接著出現了示威、抗議事件，一年後則舉辦紀念此事件的遊行。這便是全世界第一個酷兒遊行，也成為了全世界的性少數者（LGBT）在眾多城市舉辦慶典、遊行來發聲的起點。

南韓由 2000 年在首爾舉辦的酷兒文化慶典為開端，接著每年在大邱、釜山、濟州、全州、仁川、光州、慶南、清州等數個地區皆舉辦酷兒遊行。一開始僅有 70 人參與，現在則成長為全國 15 萬人共襄盛舉的大規模慶典。到了這一天，廣場上會設置各式各樣的活動攤位、舞台和演出，象徵酷兒的彩虹旗幟也飄揚在活動現場。

然而，2020 年受到 COVID-19 長期化的影響，使得酷兒遊行只能無限延期，於是一家名為「Dotface」的新創媒體公司嘗試了新型態的慶典。

在這間公司設計的網頁上，可以製作自己在網路的虛擬替身，只要用「#線上酷兒遊行」、「#沒有的路也被我們走出來」等名義上傳到社群媒體，所有參加者的照片就都可以被同樣的主題標籤（hashtag）連結起來。他們將參與遊行的畫面轉移到網路上，總共吸引了 2 萬 4 千多名的網友盡興地參與這場嶄新型式的慶典。

我發覺自己是同性戀者的事實後，覺得很混亂，於是去申請了青少年諮商，諮商師卻鼓勵我去接受「治療」。
難道沒有更專業的諮商單位可以同理我的煩惱嗎？

>>>> 性取向是不需要接受「治療」或「矯正」的。本人需要不斷地探索自己的內心世界，而不是為了他人改變。不過，如果因為擁有不同於他人的性取向而感到煩惱或遇到困難，或者想瞭解該如何接受這事實、愉快地度日，建議還是要取得專家的協助。「理解『性別文化』在社會上是如何形成的、尊重人們的多元性，尤其是性別認同和性取向的多元性。」這樣的態度被稱作「性別敏感度（gender sensitivity）」。這位建議當事人去接受治療的諮商師，可說是在「性別敏感度」這方面零分。請到其他可以提供支持的機構或團體吧！

台灣同志諮詢熱線協會	https://hotline.org.tw/mental-health	02-2392-1970	全台灣第一個全國性同志組織，於 2000 年成立。提供各種同志訊息、陪伴同志面對困境，並致力於同志人權推動。
台灣性別平等教育協會	https://tgeea.org.tw/	02-2363-8841	由一群關心性別平等議題的基層老師及教育工作者發起。2002 年成立後，接手葉永鋕事件的後續協助事宜，並參與《性別平等教育法》的立法推動。持續奔走，將性別平等的種子向下扎根。
台灣伴侶權益推動聯盟	https://tapcpr.org/	02-2932-1292	致力推動法律與政策改革的性別人權團體，擁有專業律師與政策團隊，也開設法律服務與公益訴訟協助遭受歧視的 LGBTI 群體。

我很害怕跟朋友起衝突，
所以經常忍耐、隱藏情緒！

　　小時候，有沒有讀過《少女百科（소녀 백과）》這本書呢？該本兒童漫畫連載是以 6 ～ 8 歲的女孩為對象製作的，內容主要講述社會對女孩要求的行為規範，尤其在朋友關係中該維持的態度。雖然每間出版社略有不同，但內容的相似度很高。

　　但是，這些書主張的「理想型女孩」模樣總是固定不變，就是「受人喜愛的孩子、人氣高的孩子、每個人都想親近的孩子」。若想成為那樣的女孩，就要一直保持微笑、親切、熱情和關心對方，如此一來才能交到許多朋友，得到眾人的喜愛。但是如果一直忍耐，心裡真的會好受嗎？人與人之間免不了會產生摩擦、衝突，怎麼可能每次都熱情相待呢？

被朋友包圍的「完美女孩」？

我們從小就被交代要跟朋友和睦相處，聽到耳朵都長繭了。個性外向和社交型的人，普遍會被評價為「擁有高度的社會化」，並被賦予較高的認可，結果到後來，人們卻開始難以想像自己獨處的情形。在學校休息時間、跑班授課時間或午餐時間，如果沒有朋友陪伴、獨自一人，就感覺自己被冷落或處境尷尬，這都是因為我們在成長過程中被這樣的觀念潛移默化了。

也正因如此，有些人即使因為朋友感到難過、生氣，卻害怕彼此關係變得難堪，而假裝什麼事都沒發生。擔心和摯友疏遠後，一個人會變得很孤單、沒有人站在自己身邊，所以不敢輕易表露自己的想法和情緒。

你曾經有過在生氣時對朋友說：「我要和你絕交！」接著就轉頭走人的經驗嗎？為什麼當時的自己沒有說「其實我在生你的氣」，而是要說「我不跟你玩了」呢？如果真心想維持健康良好的關係，就應該要表達情緒、互相對話來解決問題，不是嗎？也許在現實情況中，我們比起創造良好的關係，為了不破壞關係所花的精力還多上許多。

讓事情變得更糟糕的「間接解決法」

當然，交朋友、培養社會性有其價值和重要性。然而，我們的社會對於女性，尤其是年輕女性，過度地要求她們要忍耐和關懷。

大眾都認為男孩們之間大吵大鬧、打架和吵架是常見的自然成長過程，但如果是女孩們之間發生肢體衝突則會被視為特例。奇怪的是，女性與對方產生肢體衝撞，竟會被說成「不像女人」；女性之間出現意見衝突，其情況就會被戲稱為「女人的敵人是女人」。

在這種氣氛下，女性無法好好地表達自己的意見和情緒，也無法學習解決衝突的方法，只能透過忍耐或沉默來表達自己的不滿，或者以向他人痛訴的方式來婉轉解決。這種方法的優點在於不用直接跟對方起衝突，但卻會帶給所有人傷害。在彼此都不曉得原因的狀況下疏遠、在親近的群體中產生只有本人不曉得的祕密，或者傳出一些關於自己的負面謠言等等，這些都是在「沒有直接解決衝突時」會產生的情況。

與其隱藏情緒，不如好好吵一架

　　請記得一個事實：人與人之間的關係必然會出現衝突或問題，承認並解決這一點的過程本身可以使我們的內在和關係變得堅固。若是為了得到愛，為了聽到別人稱讚自己處世圓滑、個性很好而忍耐，這對自己的精神健康很不好，也無法幫助對方產生改變。

　　我們需要明確地認知到什麼樣的地雷會讓自己生氣，並努力尋找解決方案、理解彼此的性格和背景差異。對於感到不滿的地方，不要委婉地表達，而是要闡述清楚，向對方充分傳達自己的情緒，也表達自己理解對方的處境，想辦法從中找到折衷方案。當對方說話時請花時間和精力充分傾聽，即使對方的意見和自己的想法有出入，也要予以尊重。這些不僅適用於朋友關係，在父母關係、戀人關係、師生關係，甚至未來職場上下屬與同僚關係或子女關係中，都是絕對必要的能力。

戀愛

我也想要開始談戀愛！
有喜歡的人就會變幸福嗎？

　　你正在談戀愛嗎？還是在曖昧中呢？抑或是對戀愛絲毫不感興趣呢？大部分的人會透過與人發展戀愛關係來感受幸福的滋味。有些人一輩子只跟一個人相愛；有些人則同時從許多人身上感受到愛。有些人覺得墜入愛河實在很甜蜜、很快樂，若不能盡情談場戀愛，人生就會變得很空虛；有些人無法透過特定對象感受到戀愛的滋味，或是不想與人締結浪漫的關係。

　　各位屬於哪一種類型呢？不管屬於哪一種都很好。若你現在想和某個人建立特別的親密關係，就要思考看看什麼才是「好的戀愛」。若想成為對方眼中特別的存在，應互相給予正向的情感和影響。而在這之中有些部分需要注意，我們立刻來瞭解吧！

為結婚做準備的階段？

　　有些書將「戀愛」解釋為「為了良好的婚姻生活而準備的階段」。聽說戀愛可以幫助人制定選擇配偶的標準、樹立「異性觀」，不過這說法只對了一半。

　　透過談戀愛，我們可以知道自己會被什麼樣的人吸引、學習到若想維持長久深厚的關係需要克服些什麼。然而，並非所有戀愛的結局都是幸福美滿的婚姻生活，也不是所有人都必須和不同性別的人談戀愛。因為有些人即使不結婚，也依然和戀人過著幸福的生活；有些人跟同性別的戀人交往；有些人沒有談戀愛或結婚，一個人也過著相當充實的生活……選擇「非典型」生活的人非常多。

　　當然，能夠和某個人締結特別的關係是極大的幸福。身邊有個真心支持自己的人、再大的祕密都可以放心傾訴的堅固靠山、每次見面都可以一起開心地做許多事情的人……只要有一個這樣的人，我們的生活就會變得更加豐盛精彩。然而，如果兩個人想要一起過得幸福，有些部分需要互相確認和守護。我並非在談論談戀愛的祕訣，而是鼓勵各位去思考看看，「好的戀愛」應該以什麼為基礎。

好的戀愛 VS 危險的戀愛

很會談戀愛的人，是怎麼樣的人呢？「好的戀愛」是指什麼樣的戀愛呢？相反地，「不好的戀愛」又是怎樣的光景呢？請查看下列的內容，同時確認哪些項目符合自己和戀人之間的狀況。

故意傷害過自己或對方

反覆拜託對方做出不願意的性行為

不顧及對方的感受

在決定見面要做什麼時，往往都按照某一方的意見進行

覺得對方發起脾氣很可怕，所以小心翼翼地不讓對方生氣

認為嫉妒是愛的表現

說出輕視或批評對方家人的言論

兩個人當中有一個人年紀較大或者職位較高，
導致另一個人很難提出反對意見

「我們分手吧！」把這句話當成武器在使用

發生過本身不情願的性行為

一旦分手，對方可能會將我個人的故事或照片上傳到網路上

如果上述內容有所符合，那很明顯地正是「你和戀人之間的關係並不健康」的信號。

即使只有部分內容符合，也有必要認真考慮這段關係。「只是因為還不太會談戀愛，才會有這種狀況啦！」你是這樣認為嗎？「不健康的關係」並不等同於「不成熟的戀愛」。有些人雖然下定決心下一場戀愛不要再這樣，卻總是用同樣的模式來交往；也有人才第一次談戀愛就能夠建立健康的關係。重點是，「不健康的關係」幾乎不曾自動被解決。

糾正危險戀愛的方法

即使談著危險的戀愛，卻無法糾正的原因有很多。有些人擔心和戀人分手後，就得獨自生活；有些人深陷情海中，導致無法看清前面提到的那些問題；有些人雖然感覺到危險信號，卻因為不曉得該如何應對而自責，沒有從對方身上尋找問題的原因，反而一味地懷疑、怪罪自己，不斷地思索：「問題是不是出在我身上？是我讓對方變成這樣的嗎？如果我對他更好，他是否就會有不同的舉動呢？」

「雖然現在他輕視我，但只要我們相處更久，他終究會懂得珍惜我的……」、「只要我在旁邊耐心糾正他，他一定會減少錯誤的行為。」有些人堅信自己可以改變對方。然而，

如果你對這個人有如此深厚的信任、相信他有改變的可能，首先要做的應該是無所畏懼地跟對方談論這些問題。必須清清楚楚地表達自己的感受，跟對方談談他需要改變的地方，還有，假設情況依舊不變，狀況將會如何發展。

如果程度較嚴重，有時候可能需要其他值得信賴的人的幫助。聽聽看身邊的人對於自己與戀人的關係有何種感受，這能使我們從這段關係中退一步、客觀地看待。為了建立更好的關係，只要積極向身旁的人求助，朋友或家人就可以阻止對方不要再犯下類似的錯誤，即使發生暴力的情況，身旁的人也可以給予幫助或保護。

真正的戀愛不是只有甜蜜

戀愛不可能總是甜蜜的。兩個完全不同的人相遇、締結親密關係，直到彼此成為最親近的關係之前，一定會面臨數不清的衝突。但是在這些衝突的過程中，如果沒有更努力互相瞭解、自我檢視，反而使用暴力來壓制對方，或者隨心所欲地控制對方、彷彿對方是自己的所屬物，那麼談一場戀愛所失去的將會比學到的更多。沒有經歷過尊重和同理的戀愛，並非真正的戀愛。不能因為交往而增加被侮辱的經驗，我們全都是應該得到尊重的人。

以愛為名而欺負對方的
約會暴力

　　一項研究結果顯示，遭受交往對象肢體暴力的高中生比例高達22.6%。據説有四分之一的人經歷過推撞、毆打，甚至被勒脖子的暴力行為。若再加入言語上、情緒上的暴力，比例可能會更高。

　　這種在戀愛中發生的暴力被稱為「約會暴力」。加害者總是會美化自己的行為，主張説：「我是因為愛你才這樣！」然而，暴力終究是暴力。況且，並非只有物理性的毆打算是暴力，從看似瑣碎的言語和行為開始，暴力會以巧妙且多樣的方式和形態出現。

情緒虐待	性虐待	物理虐待
· 罵人或大吼大叫 · 責備 · 孤立對方 · 散播祕密 · 無禮相待 · 表現出過度的佔有慾和執著	· 説些讓人感覺被性騷擾的話 · 強制牽手或親吻等單方面的肢體接觸 · 強迫進行不安全的性行為 · 強迫進行有污辱性或帶給對方痛苦的性行為 · 散播兩人私下拍的性愛照片或影片	· 丟東西 · 大力推撞 · 打耳光 · 用腳踢或用拳頭打 · 掐脖子

　　如果你和交往對象之間發生了約會暴力，不要獨自解決。請向家人或老師等身旁的大人求助，又或是可以求助於專門的機構。還有別忘了，就算你淪為約會暴力的受害者，那也不是你的錯。

同意

不論是擁抱還是親吻，任何進展都需要兩人同意！

　　眾人一起組成的社會生活中，什麼是最重要的呢？盡可能讓每一個人都公平地提出自己的意見、進行溝通協調，可說是最重要的一環吧！那麼，在和某人建立深度關係的過程中，什麼是最重要的呢？並不能只是恣意妄為、說自己想說的、做自己想做的，而是要「等待」。雙方應該要持續對談到速度齊平為止，用一個單字來說，就是「同意」。

　　我們每個人都有自己的價值觀，想法不一致是很正常的。戀愛中的兩人對於想要擁抱或親吻的時間點也不盡相同，因此當要分享身心時，有必要取得對方的同意、確認彼此的意願是否一致。並非隨心所欲地猜測對方的想法就能讓關係進展得更快，而是要為了打動對方的心而付出努力。

同意的原則

所謂「同意」，簡單來說就是「允許某件事發生」。就像病患在接受手術前，醫生會說明要進行何種手術、不接受手術狀況會變得如何、手術的副作用和併發症有哪些等等，透過詳細說明徵求患者的同意和決定。同樣地，所有關係之間都需要「取得同意」。

戀愛也是如此！「同意」不僅是主張自己身心靈的決定權，也是確認對方的情感、需求和感受，是雙方溝通的過程。

戀愛的順序

來玩一個非常簡單的遊戲吧！準備好一支筆，然後按照自己腦中所想的談戀愛順序，在下頁表格寫上行動編號。和幾個朋友一起玩這個遊戲會更有趣唷！因為每個人的想法都不一樣，藉由互相比較每個人編排的順序也能更瞭解自己。

當然在跟某些人交往時，可能來不及經歷完所有的步驟就結束了，有些人甚至根本不需要其中幾個步驟。可以思考看看，自己談戀愛時跳過了何種步驟，以及希望能增加哪些步驟。好！現在開始統整一下專屬自己的談戀愛順序吧！

初次見面（包含線上或實體見面，第一次認識的時候） 1

輕輕擁抱

談論家庭計畫（希望何時生小孩、要生幾個）

結婚或約定持續長久的關係

追蹤社群媒體

分享興趣

單獨見面

一起做些事情來共度時間（聽音樂、看電影、吃美食等）

傳 Line、各種平台私訊或手機簡訊

談論未來的規劃

去對方家裡玩

談論「預防性病和避孕」的方法

發生性愛

牽手

分享祕密、煩惱等私人話題

愛撫胸部或生殖器

跟對方的朋友們見面

跟對方的家人見面

親吻

避孕

表達好感

我心目中的談戀愛順序

　　若將順序排好了，請接續回答下列問題。

①現在所排的順序，是我心目中最理想的順序嗎？或者，這是自己或朋友經歷過的談戀愛順序呢？這兩者的順序差不多，還是相差甚遠呢？如果實際的狀況和心目中理想的關係順序相差甚遠，其原因為何？

②性愛大約落在哪一個階段呢？有些人把性愛放在非常前面的階段，有些人則放在非常後面的階段。不妨思考看看，如果不斷推拖這個步驟，是否有其原因或者難處呢？將此步驟提前或延遲進行時，與對方的關係會產生何種變化？這些狀況又會帶給自己的身心何種影響呢？

③「陷入愛河」是屬於哪一個階段呢？

④有些情侶會省略不提「避孕」的話題。「避孕」的話題在什麼階段聊，會比較合適呢？若不想發生性關係，又該在哪個時機點提起呢？

⑤如果跳過許多步驟，只留下最基礎的幾個步驟，你會想留下什麼呢？就算只想要單純地見面一次就好，有什麼步驟是一定要經歷的呢？

　　這些問題並沒有正確答案。每個人所排序的步驟都不同，想做的和不想做的都不同，速度也不盡相同。和不同的人交往時，可能適用的步驟也會有所不同。就算已經交往很久了，說不定對方的意念和你想的完全不一樣。

　　然而，如果彼此的關係很健康，就應該能夠毫無顧忌地談論彼此期盼的過程、速度和界線。即使對方的行動不如自己想的那樣快（或慢），也要能夠理解對方，並找出相互配合的步調。重要的是，這一切的階段都要在彼此的「同意」下進行。

維持健康關係所需要的對話

在加拿大，以 #RESPECTFORYOUANDME（尊重你和我）的名義舉辦了一個活動，主軸在探討青少年為了建立健康的關係，應該要具備何種態度、如何說話。以下為建立健康戀愛關係的幾個原則以及說話範例，請跟著說看看！

你想要的，
跟我想要的一樣
重要。
　　我想要的，
　　跟你想要的一樣
　　重要。

我喜歡
這樣做。

　　如果你不喜歡
　　的話也沒辦法
　　嘛！沒關係！

如果你尊重我，
請真誠對待我。

不要這樣
對我說話。

不要這樣叫我，
那是很難聽的話！

對不起，
我想法太短淺了。

所謂的「同意」，只有在欣然接受、熱情回應時才算同意。

> 好啊！
> 我也真的很喜歡你！

相互扶持。

> 你不是
> 一個人！

對於承擔不起的祕密向外請求協助。

> 我們去找一位
> 值得信賴的人
> 說看看吧！

不想要的時候明確表達立場。

> 希望不要再
> 這樣了。

> 請停止。

讓朋友協助自己不要陷入危險中。

> 如果覺得不太
> 安全，就立刻
> 聯絡我！

守護私生活。

> 我的照片和我的
> 訊息，都是屬於
> 我的東西。

> 不可以分享
> 給其他人！

有時候需要適當的距離。

> 我跟家人待在一
> 起，晚點再打給
> 你喔！

腦袋混亂時，
暫停一下也是一個方法。

> 我們給彼此一
> 點時間思考。

愛情沒有劇本

　　我們通常會透過戲劇、電影、書籍或漫畫等媒體自然而然地學習戀愛，但是在那些故事裡面登場的戀人們，經常跳過許多步驟，尤其是略過提問、回答、思考和協商的現實過程，大多只在畫面中展現美好的一面。以浪漫的風景、道具和音樂來鋪陳，兩個擁有清秀外貌的人相遇相愛的故事乍看無懈可擊，然後最終以深陷愛河或選擇結婚來完結這個愛情故事。

　　但現實中，我們談戀愛所經歷的過程並沒有那麼簡單，也沒有劇本。沒有劇本指導兩個人該擁有什麼動作、表情和心理，所以只能由兩個人不間斷地共同打造。請一定要談一場互相照顧、尊重且互信的戀愛。若想做到這一點，請記得每一個時刻都必須經過「同意」這個步驟。

自慰

只有男生可以自慰嗎？
女生會自慰是不是很奇怪！

你曾經在洗澡時，因為水流觸碰到陰蒂而產生酥酥麻麻的感覺嗎？用柔軟的梳子梳頭髮時，身體會放鬆、心情也會變好，對吧？看到自己喜歡的人時，肚臍下方曾經莫名地產生一種感覺嗎？雖然可能會覺得有點尷尬，但這其實是非常自然的現象。這是我們的身體對於某種觸感或情感狀態的反應罷了。

自慰是指觸摸生殖器或身體的其他部位，透過性使心情變好的行為。「自慰」用漢字解釋，就是「自我安慰」的意思。你知道自己喜歡何種觸感和刺激嗎？自慰可說是探索「愛自己的方式」的起點，也是一個寶貴的經驗。現在就來瞭解看看，該如何做才能讓自慰更安全、讓自己獲得更大的滿足。

只有男生才會自慰？

提到自慰時，我們總是會直覺想到男性撫摸自己生殖器的場面。此外，自慰還被描述成「在性方面好奇心爆發的青少年男生」的特徵。但事實上即便是年幼的孩子也會自慰。有一個以嬰幼兒為對象的研究結果顯示，就連出生三個月大的嬰兒也會自慰。還有報告顯示，相較於男嬰，女嬰的自慰情形多上三倍左右。

因此，自慰並不是單單屬於青少年男生的話題，在還不太瞭解羞恥的概念時，女孩們也會積極地撫摸自己的身體、充滿好奇心地探索，更會透過自慰來紓解壓力。撫摸自己的身體而讓心情變好，這是多麼自然的行為，現在瞭解了吧？

自慰能讓自己更瞭解自己的身體

若好好觀察自己的生殖器來自慰，就能感受到自己的身體有多麼敏感、珍貴、強大又美麗。如果懂得如何感受自己的身體、愛自己的話，就可以分辨且避開那些隨意對待自己身體的人。此外，對於那些用自己不願意的方式來對待自己身體的人，也可以斷然地表達「我不要！」

我們曾經期待性愛是夢幻的，但親身經歷後可能會倍感失望。此時自慰扮演的角色，就是讓我們練習如何進行安全又令人滿足的性關係。我們的身體大約在滿 13 歲後就可以懷孕，但在那年紀，不管是精神上抑或社會上都無法做好懷孕的準備。在你能夠正確理解避孕方法、預防性病的方法、得以與他人建立舒適的關係，也能預備好發生安全的性關係之前，自慰將會是很好的練習。

自慰，該如何進行？

　　首先要在保護隱私的安全空間裡擺出舒服的姿勢，站立、坐著、躺著或沐浴，不管怎麼樣都可以。輕輕撫摸耳朵、脖子、胸部、腹部等身體各個地方，慢慢地探索自己在觸摸哪些部位時感覺最愉悅。若將喜歡的人或藝人當成幻想對象，將可以更容易進入狀況，這麼一來，心臟會跳得很快、乳頭變硬、小腹也會用力。可以用手輕輕按陰蒂附近和外陰部，也可以靠在毛巾或枕頭上揉搓，或是使用淋浴用的蓮蓬頭來刺激看看。陰蒂是非常敏感的部位，與其從一開始就直接強烈刺激它，建議從內褲上方或從大陰唇開始撫摸。

「如果有人像我一樣小時候在自慰時，
被發現而挨罵或感到內疚，
希望她能夠擺脫這個記憶，
充分地享受自己身體的快樂。」
_ 韓國電影導演金藝智（김예지）

女性應該要熟悉
自己的身體！

「我會自慰。
你問我為什麼要公開講這個嗎？
因為愛自己應該是件很正常的事，
要讓自己自由且愛自己才對啊！」
_ 英國歌手莉莉‧艾倫（Lily Allen）

「自慰是性的一部分，
雖然我們還沒有教導過，
但自慰也是需要教導的基本之一。」
_ 前美國公共衛生局局長
喬伊斯林‧艾德斯（Joycelyn Elders）

這時候最重要的就是衛生。在自慰之前要先把手洗乾淨，尤其是陰道黏膜可能會受傷，所以指甲要剪短。絕對不能使用很難取出的東西來插入陰道（口紅、指甲油、短蠟筆等），稍有不慎，就會發生需要去婦產科取出的情況。此外，一定要套上避孕套再插入。

　　想像色情作品或看圖片也對自慰有所幫助，有許多青少年會看著色情作品來進行自慰。而關於色情作品，在第 193 頁會再多作說明。

如果男朋友知道我會自慰，會不會認為我是個「破麻」？
萬一謠言到處傳開，我該怎麼辦？

>>>> 有比起想像中更多的女性，在與伴侶發生性關係時，會產生
「我覺得很痛，希望他可以停下來，但是我這麼誠實的話，
他會討厭我吧？」、「如果我在這個時候做這個動作的話，
他會誤以為我性經驗豐富嗎？」的想法且獨自苦惱。這類的
想法使人完全無法專心感受愉悅，反而會使關係變成負擔。
「我喜歡這樣做，要不要試試看這個？」想像一下你坦誠地
跟對方說明、彼此尊重且一起尋找快樂的關係，不覺得這樣
很帥氣嗎？如果對方對於你的情緒和經驗產生負面的反應，
就不要猶豫了，請結束這段關係。
此外，若將兩個人專屬的祕密四處告訴他人，某方面也是屬
於犯罪的不法行為。如果對方口風不緊到讓你很擔心，乾脆
從一開始就不要交往比較好，不是嗎？

聽說自慰對身體不好，
還會讓下面變黑變鬆弛，這是真的嗎？

>>>> 「自慰有害健康」這是沒有根據的謠言，反倒有研究結果顯
示，比起不自慰的女性，會自慰的女性的生活滿意度和健康
水平更高。在性慾和好奇心旺盛的時候，比起隨意觸摸他人
或熬夜看色情作品，自慰反而可以成為更健康的解決方法。

然而，請不要在公共場合或其他人看得到的地方自慰，不要使用髒髒的手或器具來自慰，請將這兩點銘記在心。此外，如果長時間強烈地刺激身體，可能導致刮傷或疼痛，請暫時停止、休息一陣子，自然就會好轉了。如果一直有疼痛感，也可以去醫院看診，但病因不是出於自慰的可能性極高。

自慰後一整天都會想到性愛，這代表我上癮了嗎？

>>>> 這是許多人都會經歷的情況，完全不需要擔心。不光是性愛，如果迷上了有趣的東西，不就會常常想起來嗎？我在學生時期第一次讀《哈利波特》系列小說的時候，因為迫切地想知道下一章的內容，就在課堂上偷偷閱讀；第一次吃芒果的時候，也是在隔天，甚至到後天都會想到芒果的滋味。

跟身體和性方面有關的感官經驗，會特別有趣且強烈，甚至可能每一天都會產生想自慰或想和某人馬上發生性關係的念頭。然而，每件事情都有各種層面，安全、衛生、責任、懷孕或結婚的價值觀等等，都是需要考量的層面，不可能只是透過性關係來得到歡愉而已。先充分思考、煩惱這些部分之後再採取行動，就能讓自己的身體度過愉快且健康的時刻。

性慾＆性關係

對喜歡的人產生性慾正常嗎？
什麼時候可以發展性關係？

　　初次體驗從未做過的事，總是會讓人心臟怦怦跳、感到興奮不已。第一次親手準備餐點、第一次出去旅行、第一次工作賺的錢、第一次的親吻、第一次發生性關係……當然，除了初體驗，之後變得更熟悉的經驗、失誤時學習的經驗，這些全都很重要。然而，請記得一件事，「初體驗」只會有一次。根據自己如何準備、有多少瞭解，人生的第一次經歷可能會變成長久的惡夢，也可能會成為一生的難忘回憶。

　　為什麼會產生小鹿亂撞、心跳加速和酥麻的感覺？連自己也不知所措的內心，究竟是從何而來、為何會出現？好，現在就讓我們來瞭解一下吧！

性致和性慾

自己在何種條件下會感受到性刺激？在做何種行為時會感到快樂？這都是根據無數的經驗和周圍的影響而形成的。看到電視劇或電影中的接吻場面後心情悸動、想起喜歡的人時心臟會怦怦跳、看到美麗的身體照片時，生殖器周圍會有癢癢的感覺。

特定的視覺、觸覺、聽覺、嗅覺、味覺進入大腦邊緣系統後，會從這裡向我們身體的各個部位發出信號，展現出性方面的反應，女人會分泌陰道分泌物、男人會勃起。對性反應興奮的程度和產生性致的頻率稱作「性慾」。進入青春期後，隨著雄激素和雌激素等性荷爾蒙的增加，性慾也會增加。

建立親密的關係

所謂的「親密感」，是指與他人建立的情感和身體連結。社會學者們認為「相互尊重、互相珍惜、接納對方本身的存在，就是形成親密感的要素。」我們通常會透過家人、朋友、戀人和寵物的關係來學習並累積親密感。

在建立性關係時，人們一定會期待擁有肉體上的親密感和情感上的親密感。

如果能夠和心愛的人身體完美結合、心靈也相通的話，那該多好啊！然而，這種期待就跟尋找幻想中的動物——獨角獸沒有兩樣。因為親密感並非一口氣就能產生，而是要靠雙方互相努力、互相搭配才會逐漸形成。此外，有些人可以在沒有情感交流的情況下直接建立肉體關係，有些人則希望兩方面都具備，每個人所期待的親密關係形態不盡相同。

那麼，如果想和對方建立親密關係，請謹記下面幾點。

瞭解自己、愛自己

先瞭解自己的真實面貌，也要懂得尊重自己，這樣與對方分享自己真實的面貌才有意義。 與其一直煩惱對方想要什麼？對方如何看待自己？不如先瞭解自己想要什麼，掌握自己的感受是最優先的。

雙方互相信賴

談論私人的心理傷口或需求，或與對方分享私密的身體部位時，會不會被評價、被拒絕或被嘲笑呢？為了超越這樣的恐懼，彼此需要擁有信賴感，而信賴必須花時間努力地一點一滴累積起來。

對彼此誠實

就像無法與完美的人建立完美的關係一樣，自己本身也無法做到完美。隱藏缺點、弱點、殘疾、疾病或自卑感，把自己偽裝成別人，難道就能建立完美的關係嗎？在一段關係中，坦承關於自己的重要情報（包含優點和弱點），不僅是尊重自我，也是尊重對方。

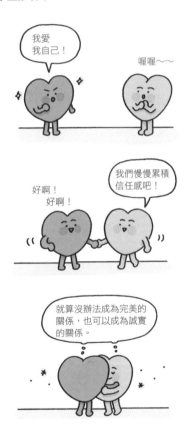

性行為的壓力和準備

在和朋友或戀人聊天的時候，應該有聽過「進度超前」這個詞。進度通常是指「牽手之後會接吻，接著愛撫，再來是插入式性行為」。然而，如果認為戀愛有特別的順序，或者像闖關任務那般一個一個做完就結束了，這樣的想法是有問題的。朋友們之間可能會問說：「你現在進度到哪裡？」進而產生微妙的競爭心理；「都讓人變得那麼興奮了，卻就此停下來，這該怎麼辦？」戀人之間也可能會發生這類的情況，而使人產生埋怨的心理。但是在戀愛關係中並沒有既定的程序要跟進，而是要反思自己真正想做的行為是什麼。

在各位第一次想要發生性行為（接吻、愛撫以及其他的行為）時，首先要思考自己為什麼想要做這些行為。「因為我想做」、「因為做的話會很開心」……

想做的原因應該是要出於自己。「因為對方想要這樣做」、「因為我的朋友們都做過了，只有我還沒做過」、「因為看網路漫畫或影片都有做」……理由絕對不可以來自於他人。

尤其在青少年時期，可能會

愛撫

愛撫指的是「從輕微的接觸到直接刺激生殖器的行為，也就是大範圍的觸摸」。用手互相觸摸的行為可以增進情感交流、提升親密感。不過，根據氣氛、心情、場所和對方的差異，有可能與自己期待的感受不同。如果你感覺到不舒服，就應該要求對方停下來。

同時承受「應該要發生性關係」和「不能發生性關係」的壓力。之前提過，這種時候最重要的考量點是什麼呢？請仔細思考看看吧！不管選擇了什麼，那個選擇都必須是自己親自決定的。而在戀愛關係中，不管是自己的決定還是對方的決定，都應該要予以尊重，請謹記這個事實。

發生性關係就像去遊樂園

有的人去遊樂園之前，會事先調查那邊有哪些遊樂設施、計畫好要搭乘哪些項目；有些人會先閱讀他人的玩後心得，看看哪些遊樂設施很有趣，訂下合適的日期並等待一段時間後再去玩；有的人毫無計畫，單純因為有空就一時興起去遊樂園玩；也有人是在旅行的過程中偶然決定去拜訪遊樂園。滿心期待地抵達遊樂園後，期待可能會落空，但也可能感受到超乎想像的喜悅和龐大興奮感。

然而，不管是哪一種情況，遊樂園都有設立標準、規定最低的年齡和身高，在搭乘遊樂設施前也必須熟記安全守則並遵守，對吧？如果現在你就有和人發生性關係，或者再過不久想要跟人發生性關係，那請務必瞭解且遵守「同意」和「安全的性關係」這兩點，不然情況就等同於「完全沒有準備好要發生性關係」。若要比喻的話，就像是接受了車輛駕

駛教育，卻在沒有考到駕照的情況下開車上路一般，結果就
會導致自己或其他人受傷害。

安全性關係指南

為保障擁有安全的性關係，需要先瞭解該如何減少感染
性病、非自願懷孕和暴力情況的危險性。為了維護自己和伴
侶的性健康，雙方需要充分的對話和進行保護措施。請務必
遵守以下內容。

瞭解性病傳播的方式

請掌握有哪些途徑可能會引發性病。

幾近安全	自慰、在有穿衣服的狀態碰觸生殖器的行為、用乾淨的手撫摸對方生殖器的行為
還算安全	接吻、口腔性交 雖然唾液算是非常安全，但如果口腔裡有傷口或皮膚接觸的部位開始發癢，危險性就會很高。如患有疱疹、HPV、梅毒等疾病，請使用避孕套或口腔保護膜（dental dam）。
可能 有危險	在沒有穿衣服的情況下接觸生殖器的行為、共享情趣用品的行為、用摸過自己生殖器的手摸對方的生殖器的行為 重要的是體液（陰道分泌液、精液、考珀液 Cowper's fluid、血）是否有所轉移。請務必使用避孕套或手指安全套。
最危險	插入陰道的性行為、插入肛門的性行為 會暴露於感染各種性病的危險之中。一定要使用避孕套。

使用保護措施

為了擁有安全的性關係，請使用避孕套、乳膠手套、NBR丁腈手套等保護裝置。避孕套只需套在生殖器上來使用即可；乳膠手套和NBR丁腈手套是在手術室、實驗室或廚房使用的薄橡膠手套，要將手放進別人體內時，請先將手洗乾淨（預防手套裂開的風險）再戴上手套。PE手套很容易裂開，不適合使用。保鮮膜不能拿來當作避孕套使用，僅是為了防止用嘴愛撫外陰部時，體液或血液混在一起而使用的。建議先撕下適當的保鮮膜包裹外陰部後，再讓舌頭或嘴巴觸碰外陰部較為安全。

一定要做得這麼徹底嗎？為了防止病毒感染，我們會經常洗手、配戴口罩；同樣地，發生性關係時也是如此。保護措施是照顧對方，也是為自己準備的最低限度的安全裝置。

用潤滑劑來預防傷口

在避孕套的內側和外側塗抹少量的潤滑劑，可以減少摩擦，如此不僅可以防止避孕套撕裂的慘案，還可以避免出現傷口。不要忘記性病的細菌很喜歡傷口和血液的事實。另要注意的是，不能用乳液等保養品來替代潤滑劑，因為避孕套可能會破洞。

觀察彼此的生殖器

很多人不好意思看到自己的身體或者看到對方的身體，不過，建議在發生性關係的時候，不要把燈全部關掉。看著彼此的身體，或者聞一聞身體散發出的氣味等等，都可能會成為很好的刺激。最重要的是要觀察彼此的生殖器是否有與平常不同的症狀，例如出現水泡、傷口、分泌物或味道等，實踐這點可以照顧到健康和安全。

不要喝醉

喝醉時，可能會做出在清醒時絕對不會做的事情。在發生危險或遇到不好的事情時，應對能力也會下降，例如忘記用避孕套、沒有正確戴上避孕套、別人在自己喝的飲料中下藥卻無法察覺，或者因為無法控制力量或速度而受傷等等。此外，若是在喝醉後毫無防備的狀態下跟人發生性關係，很容易處在性病和 HIV（人類免疫缺乏病毒）感染的危險中。

接種 B 型肝炎、A 型肝炎、HPV（人類乳突病毒）疫苗

有些性病可以藉由接種疫苗提前產生免疫力。並非感染後才治療，而是先預防感染，因此沒有理由不接種，對吧？如果避孕套等保護措施是在體外保護自己的盔甲，那麼接種

疫苗而產生的抗體就是在體內與性傳染病鬥爭的我軍。相關疫苗問題，請在小兒科或婦產科檢查時諮詢醫生。

定期到婦產科接受檢查

如果出現性傳染病的症狀（詳見第 136 頁），必須到婦產科看診，但是也有很多無症狀的情形，因此若有符合以下的事例，建議每年（或者更換伴侶時）接受一次檢查。

在沒有保護措施的狀態下發生性關係時

伴侶被診斷患有性傳染病的時候

接受治療時，最重要的是聽從醫護人員的指示。抗生素治療通常會進行 1 ～ 2 週，不過開始治療的 3 ～ 4 天後，症狀就會好轉，所以很常有人就不再吃藥，這樣會很危險。如果在病原細菌只有死亡一半的情況下停止服用抗生素，剩下的細菌就會開始產生耐藥性，以後再次使用抗生素可能也不會見效，因此請按照醫囑吃藥，並遵守複診日程。

對彼此坦誠

如果自己是罹患像是 HIV、B 型肝炎等會持續一輩子的性傳染病的人，就應該要將事實告訴對方，並且討論該如何擁有安全的性關係。假設不告知對方這個事實，甚至可能會出現法律問題。如果是事後才發現自己感染的事實，應立即告知伴侶，並且一起接受檢查和治療。有很多人因為難以啟齒而直接選擇分手，但如果隱瞞感染的人數增加，未經治療的性傳染病很可能會四處輪轉而回到自己身上。

伴侶越多，越需要嚴格遵守原則

不管是只愛一個人，還是想要與許多人交往，所有的選擇都應該被尊重，但是考慮到性健康，請記得：發生性關係的伴侶越多，感染性傳染病的危險就越大。

一整天面對幾十名病人、觸摸、查看口腔的醫生，為什麼不會感冒呢？因為醫生們被訓練要經常配戴口罩、每次診療結束後都洗手，也儘量不要碰觸公共場合的物品。性傳染病的對應方式也是如此。即使有許多性伴侶，只要遵守基本原則（衛生、清潔、保護措施和定期檢查），還是可以度過健康的性生活。

安全的性關係需要取得「同意」

　　之前提過，所有的關係都必須取得「同意」，對吧？尤其是性關係，絕對必須經由雙方同意再進行。「同意」（法律用語上稱為「合意」）意思是要「欣然同意」（不是「不得已」，而是「欣然同意」），可以隨時取消，且要顧及雙方。如果兩人當中只有一個人同意，就不算數。此外，就算答應了一件事，也不代表答應了所有事，比如說願意牽手並不代表同意發生性關係。

不安全的性關係	安全的性關係
「我不喜歡戴避孕套。」	「你使用過什麼避孕方法？你想怎麼避孕呢？」
「儘管相信我就好！我體外射精從未失敗過！」	「如果你也想要的話，我會這樣做的！」
「嗯？我是沒做過檢查啦……但別擔心！」	「如果覺得痛就告訴我，我會停下來。」
「明明接吻是你先主動的，為什麼做愛就不行呢？」	「我有疱疹，所以一定要使用避孕套。」
「很痛嗎？再忍耐一下吧！」	「生殖器起水泡的時候不能做愛。」
「才放進去一次，是不會有事的。」	「今天沒有準備避孕套，我們只接吻和愛撫就好！」

姊妹們的
祕密諮商室

性高潮究竟是什麼感覺？

>>>>> 性高潮是指性興奮持續高漲後達到高潮的狀態。那感覺因人
而異，很難用一句話來說明。有的人形容像是全身通電；有
的人說全身像被溫暖的水波環繞；有的人則說肚臍癢的感覺
越來越強烈之後再大爆發；也有人說視線會暫時變暗、或者
突然變得很白。總之，經歷強烈的情緒和身體反應後，全身
的緊張感就會緩解、變得懶洋洋的，也能睡個好覺。

若想達到性高潮，最重要的條件是「時間」。如同煎鍋要充
分加熱，才能夠在最適當的溫度下做出最美味的食物一般，
要讓身體慢慢發熱，刺激和反應才能累積而達到高潮。此時，
身體必須要在充分興奮的狀態下分泌出潤滑液，才能避免疼
痛或受傷。只要持續探索自己在哪些部位、該怎麼做、保持
何種距離、給予多少刺激才能更加愉悅，無論是自己一個人
還是跟對象一起，都可以達到性高潮。

其實並不是所有人都會感覺到性高潮，據說每四名女性中，
就有一名不曾感受過。然而，性高潮並非性關係的全部，有
些人只是溫暖地擁抱或者溫柔地牽手，就能感受到很大的滿
足感。請記住，不要太執著於「怎樣的性關係才是好的性關
係」，只要在健康安全的情形下，愉悅地享受就可以了。

性傳播感染

性傳播感染是指什麼樣的病？
要怎麼做才不會感染呢？

在我國中求學時期，有一位老師在性教育課堂上宣稱：「你們如果發生性行為，就會得到非常可怕、很糟糕的性病。」發生性關係就會得病，這是多嚇人的話啊！說不定各位現在遇到的長輩們，也有人會說出差不多的言論。

在醫院被診斷為性傳染病的患者中，大部分都受到很大的打擊或感到羞愧。也有許多人一開始認為「我的性生活沒有很混亂，所以不會得病啦！」就疏於做健康檢查，到後來才知道自己得了性病。然而，就像病毒會透過打噴嚏或沒有洗乾淨的手來傳播、吃到管理不當的食品後在體內引發食品中毒的細菌會擴散一般，性病也只不過是透過性關係轉移的傳染病罷了，因此不需要感到害怕或逃避。請提前瞭解性傳播感染發生的原因並做好預防工作，守護自己和心愛的人吧！

性傳播感染（STI）增加的原因

全世界的性傳播感染正在逐漸增加，其理由如下：

第一、被診斷為性傳染病時，應該要告知伴侶，然而很多人卻因為感到羞愧而選擇隱瞞，這麼一來，沒有得到治療的人就會繼續散播性傳染病。

第二、很多性傳染病是無症狀的。一般人通常只在出現疼痛或出血等症狀時才會去醫院，但如果沒有任何症狀就會很晚才發現，在沒有就醫的期間傳播的危險也會更大。

第三、使用交友軟體尋找約會對象、交往伴侶，或一夜情對象的情況越來越普遍。甚至有些人發生了性關係，卻連對方的名字或聯絡方式都不曉得。這麼一來，不僅難以得知自己是在哪裡、如何被感染，連要告知對方自己有感染的事實都很困難。

第四、越來越多人進行私密處除毛。沒有毛保護的光滑皮膚，一旦直接接觸到病毒或細菌，更容易染上性傳染病。

第五、智慧型手機和網路環境越是發達，色情作品越有可能暴露在越多人面前。據說在色情作品中有使用保護措施的比例只有 3%。研究結果顯示，若在沒有接受正確性教育的情況下看這類的色情影片，實際發生性關係時，不想使用避孕套的傾向會變得更強。

與其他國家相比，南韓對於性傳染病的檢查和治療較不

積極，學校也沒有好好教導這部分。然而，為了度過健康的生活，所有人都應該也必須瞭解性傳播感染的資訊。

常見的性傳染病

據說每 10 個有性經驗的人當中，就有 8 個人一生中至少會經歷一次或大或小的性傳染病；有性生活的十幾歲青少年中，每 3 名就有 1 名正在經歷性傳染病。有些疾病也會透過接吻或口腔性交來傳播，性傳染病其實是非常常見的，因此如果認為「我絕對不會得病！」那就大錯特錯了。

其實性傳染病跟感冒差不多。這麼說來，性傳染病也跟輕微的感冒一樣自然就會好起來嗎？是的。如果自己的身體免疫力夠好，即使與帶有細菌或病毒的人發生性關係，也有可能不會被感染。打個比方，據說即使感染了 HPV（人類乳突病毒），只要過個兩年，90% 的病毒也會自動消失。

然而，體內殘留的部分病毒有可能會發展成子宮頸癌，或者躲在皮膚內的神經，最後就出現疱疹，長出使人疼痛的水泡且經常復發，在治療過程中也可能會留下疤痕和後遺症。特別是披衣菌感染和淋病會黏在子宮上，導致未來懷孕困難。所以只要是有發生性關係的人，醫生一定會強調要做好性傳播感染的預防並且定期檢查。

性傳染病的種類

下列是各種性傳染病，從比較常見的疾病開始介紹。

名稱	症狀	原因	預防方法	治療方法
披衣菌感染 （Chlamydia infection）	·10 人中有 7 人為無症狀 ·小便時會有灼熱感，陰道分泌物增多，做愛時疼痛	·皮膚黏膜接觸 ·陰莖與陰道接觸 ·陰莖與肛門接觸	·每年與伴侶一起接受性傳染病檢查一次 ·發生性關係時使用保護措施	·抗生素治療 ·4 週後回診確認是否痊癒
疱疹 （herpes）	·從一兩個紅疱疹開始，再來出現水泡後又破裂 ·2 週後會自然好轉 ·身體不適或低燒	·皮膚黏膜接觸 ·陰莖與陰道接觸 ·陰莖與肛門接觸 ·口腔與生殖器接觸	·發生性關係時使用保護措施（即使看不見水泡，也有可能已經感染） ·確認感染事實後通知伴侶	·使用抗病毒藥物治療（口服藥 1 週後再塗抹軟膏即可減少病毒傳播） ·需要充足的飲食和睡眠
人類乳突病毒 （HPV）	·10 人中有 7 人的免疫系統能自體戰勝病毒 ·免疫力下降、會持續感染的狀態 ·無症狀，或出現有搔癢症狀的尖銳濕疣 ·直到發展成癌症之前，可能不會出現其他症狀，因此定期檢查非常重要	·皮膚黏膜接觸 ·陰莖與陰道接觸 ·陰莖與肛門接觸 ·口腔與生殖器接觸	·發生性關係時使用保護措施（接觸未戴避孕套的皮膚可能會有感染的可能性） ·每 2 年接受一次子宮頸癌檢查 ·禁菸（吸菸會降低免疫力） ·接種 HPV 疫苗	·用手術切除尖銳濕疣，開處方擦藥 ·癌症初期可透過手術切除，但同時也要進行抗癌治療和放射治療
淋病 （Gonorrhea）	·10 人中有 7 人為無症狀 ·小便時會有灼熱感，陰道分泌物增多，做愛時疼痛 ·頸部感染時會刺痛且流膿	·皮膚黏膜接觸 ·陰莖與陰道接觸 ·陰莖與肛門接觸 ·口腔與生殖器接觸	·每年與伴侶一起接受性傳染病檢查一次 ·發生性關係時使用保護措施	·抗生素治療 ·4 週後回診確認是否痊癒

梅毒 （Syphilis）	・第 1 期梅毒在生殖器周圍出現大範圍的潰瘍後癒合 ・如果在第 1 期沒有進行治療，則有可能發展到第 2 期（全身發疹、發熱）、第 3 期（侵入神經系統和骨骼）	・皮膚黏膜接觸 ・陰莖與陰道接觸 ・陰莖與肛門接觸 ・口腔與生殖器接觸	・發生性關係時使用保護措施 ・若發生性關係時無使用保護措施，請每年都接受一次性傳染病檢查	・抗生素注射治療 1～3 週 ・歷時 6 個月，確認是否痊癒
滴蟲陰道炎 （Trichomoniasis）	・出現灰色或綠色的陰道分泌物、生殖器發癢、小便時感到刺痛	・皮膚黏膜接觸 ・陰莖與陰道接觸 ・陰莖與肛門接觸	・發生性關係時使用保護措施	・用抗生素治療 1 週
B 型肝炎	・可能無症狀，或發燒、嘔吐、黃疸、上腹部疼痛、全身肌肉痛	・與感染者的血液或體液接觸（輸血、剪指甲或共用刮鬍刀等） ・皮膚黏膜接觸 ・陰莖與陰道接觸 ・陰莖與肛門接觸	・6 個月內接種 3 次疫苗	・雖然有適用急性肝炎的治療方法，但沒有適用慢性肝炎的特別治療方法
HIV （人類免疫缺乏病毒） AIDS （後天免疫缺乏症候群）	・接觸 2～4 週內，會持續出現輕度流感等症狀，之後再好轉	・與感染者的血液或體液接觸（輸血、剪指甲、共用刮鬍刀或餵母乳等） ・皮膚黏膜接觸 ・陰莖與陰道接觸 ・陰莖與肛門接觸	・發生性關係時使用保護措施	・若是在初期發現，只要一輩子持續服用抗病毒藥物，就可以健康地生活，不會出現併發症
陰蝨病 （Pthirus pubis）	・陰道部位發癢、皮膚潰爛或結痂	・皮膚接觸（共用內衣褲或棉被等）	・與感染者分開使用棉被或內衣褲 ・在共同生活中徹底做好個人衛生	・只要塗抹一次藥物，幾乎可以完全治癒 ・確認感染事實後，立即將棉被和內衣褲用熱水煮過清洗

預防性傳播感染的方法

　　老實說，只有禁慾（不發生性關係）或自慰才能 100% 預防性傳染病，因此若想發生性關係，就應該先思考各種風險問題並做好承擔風險的準備，以及為了降低風險，應該採取何種措施，對吧？使用避孕套和接種疫苗是預防性傳染病的最基本方法。

　　以性關係為媒介傳播的疾病種類超過 30 種。醫生會依據你跟誰、如何發生性關係、最近流行什麼傳染病等等，為你進行必要的檢查。若是有下列情況就需要接受檢查。

接受性傳染病檢查的地方如下。

婦產科診所或醫院

在婦產科可以進行多種性傳染病的檢查。若是因為出現症狀而去醫院看診，就適用於健康保險。

地區衛生所

按照各行政區域，在衛生所也可以進行 HIV、梅毒、淋病、披衣菌和 B 型肝炎等檢查。不過，每一間衛生所的規範可能不一樣，需要時可以先打電話確認後再前往。

醫事檢驗所

醫事檢驗所是經衛生局核準的醫療檢驗單位，由領有醫療執照的醫檢師進行檢驗，提供諮詢與各項健康檢查的服務。

我擔心父母親會知道性病的檢查結果……

>>>> 青少年接受性病看診或聆聽檢查結果時，是否需要父母親的同意？針對這一點，說法眾說紛紜。雖然法律並沒有明文規定要告知父母親，但是為了避免日後父母親知道而提出抗議等難以處理的情況，許多醫療人員才會採取防禦性的行動。海外的很多國家是只要醫生充分說明，青少年理解狀況後，就可以做出接受治療或動手術等醫療決定，不過當青少年難以做決定時，就需要父母親、諮詢師、學校老師等大人的協助。青少年擁有權利，可以和醫生共同決定何種治療對自己的身體比較好，因此，（南韓）法律應該也要有所改變才對吧？建議如果遇到這類情況，先跟醫生明確提到「祕密保障」的問題後，再根據醫生的態度來判斷是否要接受治療。

聽說性病也會透過公廁馬桶傳染，這是真的嗎？

>>>> 細菌和病毒喜歡潮濕溫暖的身體內部，一旦離開人體就很難生存。若要透過公共廁所的馬桶感染，就必須是在感染者將陰道分泌物沾在馬桶上後，有其他人立刻使用那馬桶，且外陰部必須直接接觸到那個位置才有可能，這種事情不太容易發生吧！藉由尿液或唾液感染的可能性非常微弱，因此不需要過度擔心。如果還是很不安，可以在如廁前使用濕紙巾和洗手液擦拭馬桶，並等乾了之後再使用。

聽說同性之間發生性關係，很容易得愛滋病？

>>>> 再強調一次，無論是同性還是異性之間，若在沒有使用避孕套等保護措施的情況下發生性關係，就會暴露在感染 HIV 病毒的風險中。HIV 病毒可以透過血液、精液、母乳、陰道分泌物感染，因此在生殖器插入陰道／肛門進行性行為或交換體液時（不管是哪個性別之間發生性關係），都有感染的危險。陰道與陰莖的插入性行為的危險性有 0.1 ～ 0.2%，肛門與陰莖的插入性行為的危險性有 0.5 ～ 3%。實際上調查 HIV 感染者的傳染途徑後發現，感染原因有一半是異性之間的性關係，一半是同性之間的性關係，還有非常少數的先天性感染或血液接觸感染。

聽說女性的生殖器與男性不同，更容易罹患性病？

>>>> 性傳染病的病毒喜好生活在潮溼溫暖的黏膜中。女性的外陰部、陰道、子宮內膜、尿道、膀胱等處都有黏膜，而男性則在尿道、輸精管、前列腺和膀胱等處有黏膜。男性陰莖的外側是皮膚，女性黏膜的面積則更大（至於存在於部分皮膚上的疱疹、HPV、陰蝨病，女性和男性的盛行率差不多）。

除了生理結構的差異，還有社會和經濟的因素。在協調發生安全的性關係時，女性經常處於不利的局面。女性無症狀的情況也較多，因此容易導致治療延遲。再加上社會有對罹患性病者烙上「犯錯」印記的風氣，因此女性大多很避諱接受檢查和治療。

性傳播感染牽涉到許多層面的問題，並非只有自己一個人做得好就得以預防，應該要擴大相關的性教育，讓所有人都注意到這情況，也應該使人能夠更輕鬆取得避孕套等保護措施，以及讓沒有症狀的人也能進行性傳染病檢查等政策。

懷孕&生產

未來我也會懷孕當媽媽嗎？
寶寶是怎麼誕生的呢？

　　「如果我有一個孩子？」你曾經想像過這件事情嗎？其實沒有人曉得自己懷孕、生產會發生在什麼時候，但是我們可以提前做準備嘛！懷孕和生產都是從我身上出現的，只要瞭解這個過程，就能夠更清楚掌控自己的身體。

　　啊！當然也會有女性不願意生育孩子。即便如此，關於懷孕和生產的知識也不該含糊帶過。生下我的媽媽、我的閨蜜，還有我喜歡的藝人，沒有一個是從天上掉下來的，所以瞭解一個孩子的誕生過程，就等於是知道自己是如何被製造出來並存在於這個世界上的。這也是我們可以在未來見到下一代的過程，因此非常重要。那麼，現在就來瞭解看看，包括我在內的「我們」都是從哪裡來、是如何出現的吧！

懷孕，完成一半設計圖的過程

若想懷孕，精子和卵子就必須相遇。人類有 23 對染色體，男人的精子和女人的卵子各只有這 23 對染色體的其中一半（亦即各擁有 23 個染色體），所以只要想成是一半的設計圖即可。精子和卵子相遇、形成受精卵時，從兩邊收到的 23 個染色體就會結合在一起形成 23 對，完成這張設計圖。從那一刻開始，生命就會按照設計圖來成長。

受精卵從 1 個細胞開始，接著到 2 個、4 個、8 個……以這樣的順序來進行細胞分裂、逐漸壯大。受精卵突破難關，慢慢地移動到子宮，在子宮內膜中落腳的過程，被稱為「著床」。從受精日到著床需要一週左右的時間。

成功受精的過程

女人體內的卵子和男人體內的精子若想相遇，該怎麼做呢？在性關係中，男女的生殖器應該要接觸才行吧！通常男人勃起的陰莖插入女人的陰道中射精時，一次就會排出大約 5 千萬～1 億 5 千萬顆的精子。

而在沒有避孕的情況下，一年當中都有發生性關係卻沒有懷孕，這情況稱為「不孕」。不管是女性或男性的生殖器

受孕過程

卵子

卵子在女性體內製造，每月排卵一次。成熟卵子的大小約為 0.2 毫米，是我們體內最大的細胞。卵子的外面包裹著一層一層的、稱為透明帶和放射冠的構造。在面對為了受精而突破防禦的精子中，這個重要裝置可以挑選出良好的精子。

精子

精子在睪丸中產生，保存於精囊中，在射精時被排出體外。蝌蚪形的頭部有染色體，用尾巴游動後與卵子相遇，最後只有頭部會被吸收進卵子內。

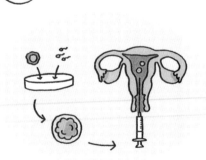

透過插入式性行為，卵子和精子相遇。

或者透過輔助生殖技術（試管嬰兒療程）來相遇。

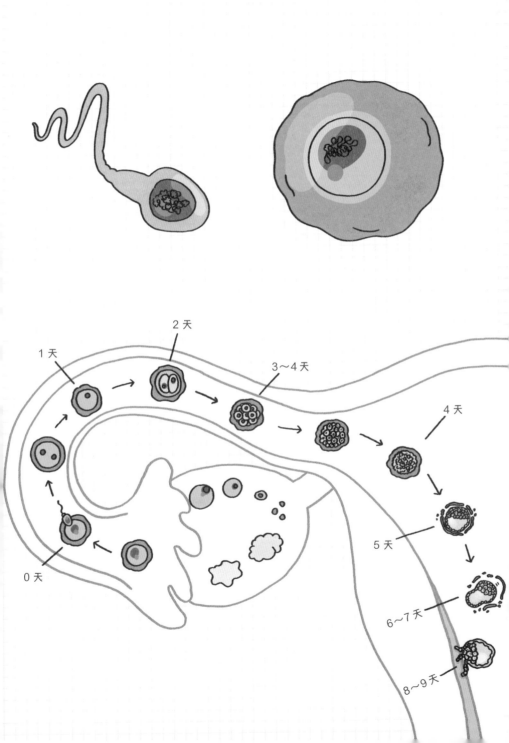

哪一方出現問題，都可以在現代科學和醫生的幫助下懷孕，例如可以用注射器收集女性體內的卵子，並在體外使其與精子相遇後，以受精卵的狀態重新放入女性的子宮內。

妊娠早期症狀

懷孕時身體會產生很大的變化，以下是懷孕的早期症狀。如果在毫無避孕的狀態下發生性關係後，出現下列症狀，一定要去檢查確認是否懷孕了。

月經停止

如果月經預定日已經過了 1 ～ 2 週，月經卻還沒有來，就需要確認是否懷孕了。

著床出血

月經期間會出血，但如果出血量極少，就要確認是否懷孕，因為這也有可能是懷孕初期的出血——「著床出血」。

噁心嘔吐

沒來由地感到胃部不適、食慾不振或者噁心嘔吐時，也

用驗孕棒檢查的方法

驗孕棒是可以自己簡單確認是否懷孕的工具，原理是用尿液檢測出受精卵在子宮內著床時會產生的人絨毛膜促性腺激素（hCG）。在藥局、便利商店或網路上都能購買到，使用方法如下：

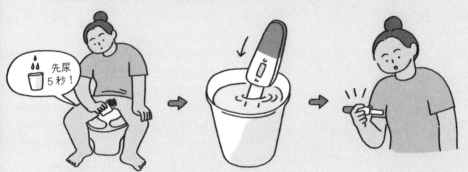

1. 將開始小便 5 秒後、中間階段的尿液，用乾淨的紙杯或容器盛裝。

2. 將棒子部分充分沾滿尿液後放在平坦處，等待 3～5 分鐘。

3. 確認驗孕棒上的線條。

1條 為陰性，代表「沒有懷孕的可能」。

2條 為陽性，代表「懷孕的機率很高」。

如果出現兩條紅線，很有可能就是懷孕了，但也有罕見的子宮外孕或有卵巢腫瘤的情況，所以一定要去婦產科做確認。

要確認是否懷孕。孕吐最早會從懷孕 4 週時開始（最後一次月經開始日起算 4 週）。

胸部變化

當胸部突然腫脹變硬、乳頭顏色變深時，也請確認是否懷孕了。

染色體和基因

寶寶出生後，有些地方像媽媽，有些地方會像爸爸，但不僅是長相、性格，病歷也可能會很類似，那是因為寶寶從爸爸媽媽那裡各繼承了一半的設計圖。

製造人類的設計圖蘊含在遺傳物質中。遺傳訊息是按照 A、G、T、C 這四個鹼基的排列順序來進行編碼，30 億個鹼基聚集在一起，形成長達 1000 億公里的 DNA 鏈。如果把這麼長的訊息保存成同一條，很容易亂成一團，所以適當切斷後，使用特別的方法讓訊息纏繞在一起而形成「染色體」。1 個細胞內有 46 條染色體，也就是有 23 對，從媽媽那裡得到了 23 條，也從爸爸那裡得到了 23 條。構成我們身體的 60 萬億細胞中都含有這種染色體。

人類身上大約有 25000 個基因。基因是指 DNA 裡的一部分。就像書的目錄分為很多章，其中又有許多次標題一樣，在基因當中有設計圖，在不同的器官都有分別整理出使身體發揮功能的蛋白質和酶的製造設計圖。不過，舉例來說，若每次在胰腺中製造胰島素時，都得讀完 1000 億公里的訊息，就會花上很長的時間，因此沒有被使用到的基因，有時也會被捆綁起來保管。

胎兒的發育

　　受精卵會在 40 週內慢慢長大，逐漸形成嬰兒的模樣。部分的受精卵和子宮內膜形成名為「胎盤」的根部，藉由胎盤，媽媽血液中的營養成分和氧氣可以透過臍帶傳遞給胎兒。寶寶與母親相連的證據——臍帶，則在出生後會乾燥脫落，其痕跡則會留在肚臍上。

　　隨著胎兒長大，媽媽的肚子也會逐漸膨脹。胎兒出生前夕的體重約有 3 公斤，再加上子宮和羊水，媽媽需要承受 7 ～ 8 公斤的重量，因此內臟和脊椎骨會被擠壓，容易氣喘吁吁。

胎兒的發育

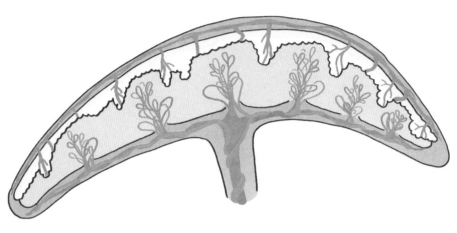

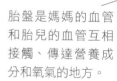

胎盤是媽媽的血管
和胎兒的血管互相
接觸、傳達營養成
分和氧氣的地方。

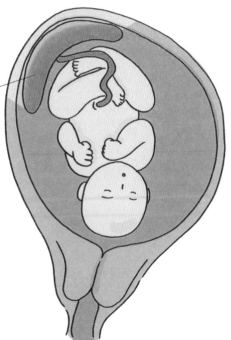

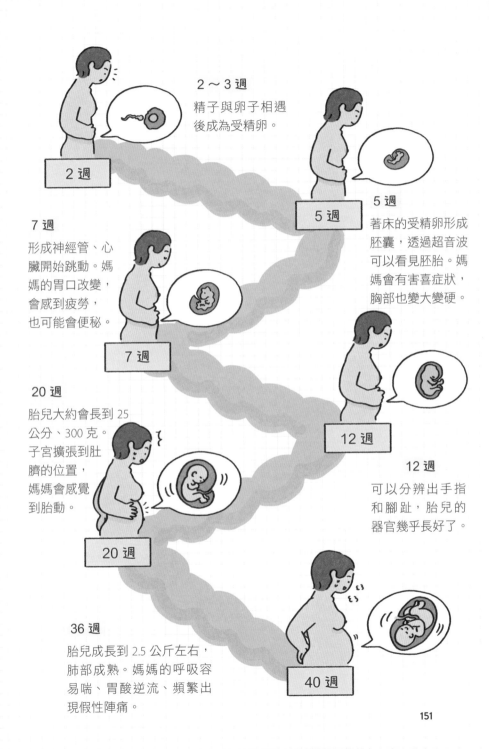

2 ～ 3 週
精子與卵子相遇後成為受精卵。

2 週

5 週
著床的受精卵形成胚囊，透過超音波可以看見胚胎。媽媽會有害喜症狀，胸部也變大變硬。

5 週

7 週
形成神經管、心臟開始跳動。媽媽的胃口改變，會感到疲勞，也可能會便秘。

7 週

12 週

12 週
可以分辨出手指和腳趾，胎兒的器官幾乎長好了。

20 週
胎兒大約會長到 25 公分、300 克。子宮擴張到肚臍的位置，媽媽會感覺到胎動。

20 週

36 週
胎兒成長到 2.5 公斤左右，肺部成熟。媽媽的呼吸容易喘、胃酸逆流、頻繁出現假性陣痛。

40 週

生產

懷孕 40 週左右時，胎兒完全成長，並做好與世界見面的準備。等陣痛自然地開始之後，就會進入自然分娩，胎兒會慢慢地往下移動，打開子宮口，再通過陰道「咻～」地滑出來。不過，由於胎兒約有 3 公斤重，所以這整個過程需要花上 6 到 9 個小時。

如果生產過程中，胎兒處於危急狀態或者胎兒體型過大，被判定為「難以自然分娩」時，就會進行剖腹產手術。不管過程如何，生產對胎兒和媽媽而言都是大事，有可能會失血過多或出現高血壓等併發症。隨著科學和醫療技術的發達，雖然情況已經好轉許多，但於南韓的每 1 萬名新生兒出生時，就有 1 名母親不幸死亡。生孩子是一個重大的決定，我們每個人的媽媽都是很了不起的人。

分娩與生產

生產是「生命誕生」的意思，是以母體和胎兒為主的角度來說。分娩則是「將產婦和胎兒分離」的意思，是以取出胎兒的醫護人員的角度來說。用英語來描述時，生產是 birth，分娩則是 delivery。

沒有男性伴侶
也能懷孕嗎？

2020 年 11 月，某位未婚女性媒體人宣佈自己成為了母親，瞬間變成熱門話題。她表示，雖然自己想要生兒育女，但如果因此就急於結婚，可能會出現其他問題，所以她決定接受精子捐贈，最後成功地懷孕和生產。

女性若想要懷孕，除了透過性關係使精子和卵子相遇的方法之外，還有直接將精子植入子宮的「人工受孕」，以及分別抽取卵子和精子，於體外受精後，將受精卵再移植到子宮的「試管嬰兒」等方法。像這樣在科技的幫助下進行懷孕和生產，被稱作「輔助生殖技術」。昔日為了不孕症夫婦而研發的技術，隨著時代和家庭組成概念的變化，現在正用來幫助更多的人們。

在南韓，只有處於法律上婚姻關係的男女才能接受人工受孕或試管嬰兒手術，但是在英國、丹麥等國家，認定未婚女性或女同性戀情侶也能擁有這個權利。「比起確認是不是法律上的異性夫婦，確認對方是否懇切地想要擁有孩子、是不是已經做好養育的準備，這點更為重要。」「無論性別認同為何、是否有法律上的婚姻關係，每個人都擁有生育的權利。」對於這樣的主張，各位的想法如何呢？目前南韓的生育率為 0.918%，女性一生中平均生育不到 1 人，已經接近世界的最低值。雖然許多人都主張應該要比現在生更多孩子，但法律所認定的父母資格卻非常嚴格。很好奇未來法律和制度會產生什麼變化，對吧？

避孕

為了避免懷孕，如何選擇適合自己又安全的避孕法？

　　如同前面所提及，懷孕和生產對女性而言都是非常重要的事情。身體、情緒和經濟的餘波可能會持續很長的一段時間，因此只要有發生性關係，就要時時刻刻銘記在心：我是有可能會懷孕的。

　　除此之外，自己也應該要清楚明白，我什麼時候想要懷孕？假若不想要懷孕，那該怎麼做才能避免懷孕？如果不清楚避孕的方法，或者沒有與伴侶談論避孕的話題，那也算是沒有做好發生性關係的準備。避孕有許多種不同的方法，效果、優缺點和使用方式也都不同，請先仔細掌握每一種避孕方法後，再選擇最適合自己、最安全的一個。

避孕方法

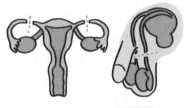

**輸精管結紮手術和
輸卵管結紮手術**

成功率：99%
避孕期間：永久
醫院（手術）

銅製子宮內避孕器

成功率：99%
避孕期間：5 年
醫院（療程）

**含荷爾蒙的
子宮內避孕器**

成功率：99%
避孕期間：3 ～ 5 年
醫院（療程）

皮下植入式避孕器

成功率：92 ～ 99%
避孕期間：3 年
醫院（療程）

避孕注射針

成功率：97 ～ 99%
避孕期間：3 個月
醫院（注射）

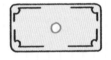

緊急避孕藥

成功率：58 ～ 95%
避孕期間：一次性
醫院（處方箋）

口服避孕藥

成功率：92 ～ 99%
避孕期間：服用期間
藥局或醫院（處方箋）

男用避孕套

成功率：85 ～ 98%
避孕期間：一次性
藥局或便利商店等

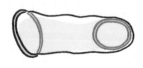

女用避孕套（Femidom）

成功率：79 ～ 95%
避孕期間：一次性
網路商店等

各種避孕方法

　　所謂的「阻斷法」，是指阻擋男性的精子進入女性的子宮內、與卵子見面的所有方法。殺精劑、男用避孕套、女用避孕套、陰道隔膜（俗稱子宮帽）、避孕海綿等多種方法都包含在內。避孕措施在預防性傳播感染方面扮演了非常重要的角色，現在以南韓允許使用的方法為主來介紹。

男用避孕套（俗稱保險套）

功能 由薄薄的乳膠（橡膠）或聚氨酯（塑料）製成的膜，套在男性生殖器上，在射精時防止精子進入子宮內。

效果 如果一年當中僅使用男用避孕套來避孕，100 對異性情侶中有 18 名女性可能會懷孕。

優點 在預防性傳播感染方面，擁有最卓越的效果。在便利商店或藥局等很容易買到，費用比其他避孕方法更便宜，而且不會對女性的荷爾蒙造成影響。

缺點 有些人會對乳膠過敏，若對乳膠過敏，請改成使用聚氨酯材質的避孕套。

使用方法 用手撕開單個避孕套包裝（不要用剪刀或牙齒），確認避孕套捲起的方向。抓住儲精囊、在陰莖尾

端套上避孕套，然後將避孕套全部展開推到底。射精後要立刻拆掉避孕套。有些人因為沒有避孕套，就使用保鮮膜或塑膠袋替代，但這樣不僅不衛生，也容易摩擦，一不小心就會掉進陰道裡。就算有點麻煩，也一定要準備像樣的避孕套。

女用避孕套（Femidom）

功能 由薄薄的乳膠或聚氨酯製成的膜，提前放進女性的陰道裡，可以防止精子進入子宮。

效果 如果一年當中僅使用女用避孕套來避孕，100 對異性情侶中有 18 名女性可能會懷孕。

優點 在預防性傳播感染方面，擁有最卓越的效果，而且不會對女性的荷爾蒙造成影響。

缺點 有些人會對乳膠過敏，若對乳膠過敏，請改成使用聚氨酯材質的避孕套。不過女用避孕套較難購買到。

使用方法 要在發生性關係的 8 小時前置入。用手撕開單個避孕套包裝（不要用剪刀或牙齒），擠壓裡面的環，再插入陰道內，將手指伸進避孕套中、往陰道內側推。在發生性關係的時候，一定要讓陰莖精準地從避孕套入口進入。在摘除避孕套時，稍微扭一下外面的環再拉出。

複合口服避孕藥（荷爾蒙避孕法）

功能 同時注入少量會決定月經週期的荷爾蒙──雌激素和黃體素時，大腦會產生錯覺、停止刺激卵巢而阻止排卵。此外，子宮內膜會變薄，使懷孕變得困難。

效果 如果一年當中僅使用口服避孕藥來避孕，100 對異性情侶中有 1 名女性可能會懷孕。但這前提是要規律地遵守時間來服用，且完全不受到酒或其他藥物的影響，否則最多可能會有 9 個人懷孕。

優點 除了調節經痛、經血量和月經週期，連青春痘也會減少。罹患子宮癌、卵巢癌、大腸癌的危險性會降低。亦可用於治療月經過多症、子宮內膜異位症或子宮肌瘤。

缺點 大部分都很安全，但極少見的狀況下會提高深部靜脈栓塞、心臟麻痺或腦中風的危險性。10 萬名女性中，約有 5 ～ 10 名左右會出現這些疾病，而在服用避孕藥的女性身上，其危險性高出 3 倍左右（每 10 萬名約有 15 ～ 30 名，就代表有 9 萬 9970 名是毫無異常的）。若是年紀 35 歲以上、每天抽菸半包以上，擁有高血脂、高血壓、糖尿病等成人病，或有偏頭痛時，口服避孕藥的危險性會增高，建議使用其他避孕方法。此外，每個人狀況不同，有可能會出現頭痛、噁心嘔吐、乳房痛和不正常出血等症狀，請先諮詢醫生再服用比較安全。若開始服藥，每天就得按時吃飯，對於規律生活的人很有利。

服用方法 每天定時服用一顆。吃 21 顆後休息一週，在休息一週的期間月經會來，也可以調整成 28 天週期；不想有停藥期，繼續服用也可以。

避孕針（荷爾蒙注射劑）

功能 黃體素成分可以抑制大腦、防止排卵。

效果 如果一年當中僅注射避孕針來避孕，100 對異性情侶中有 1 ～ 6 名女性可能會懷孕。

優點 經血量減少，或者乾脆沒有月經。一年只需要去醫院 4 次，不會很麻煩。

缺點 剛開始注射的前三個月可能會出現不規則出血、體重增加和乳房痛等症狀。避孕針沒有預防性傳播感染的效果。此外，就算停止這種避孕方法，也需要較長的時間才能回到正常的月經週期。如果青少年使用這種方法超過 2 年，骨質密度可能會降低，不建議長期使用。

注射方式 每 3 個月（12 ～ 14 週）在醫院注射一次。避孕針屬於皮下注射（在腹部或大腿的皮下組織注射），不會太痛。

皮下植入式避孕器（Implanon）

功能 植入皮下的避孕器。在 3 年當中每天分泌少量的荷爾蒙以防止排卵。

效果 接受手術的 1000 人中，避孕失敗的人數不到 1 人。

優點 只要動一次手術就可以輕鬆避孕 3 年，經血量或經痛症狀也會減少。

缺點 剛植入的前三個月可能會出現不規則出血、體重增加和乳房痛等症狀。植入後移除的手術很麻煩，也會留

下 0.5 公分左右的疤痕。沒有預防性傳播感染的效果。

植入方式 要在月經開始後的 5 天內進行手術。將 4 公分長的細軟塑膠棒，植入手臂內側皮膚的正下方。

子宮內避孕器

功能 在子宮內裝置避孕器以分泌荷爾蒙，使子宮內膜變薄、避免著床。「蜜蕊娜（Mirena）」和「小蜜（Jaydess）」這兩樣產品都很知名。

效果 接受子宮內裝置手術的 1000 人中，避孕失敗的人數不到 1 人。

優點 經血量和經痛減少。因為有這些優點，子宮內避孕器還被用來治療子宮肌腺症或子宮內膜症。植入一次，最長可以有 5 年的避孕效果。

缺點 植入後移除的手術很麻煩，而且會有點痛。每 100 人當中，約有 6 個人在植入後的 1 年內自然地排出。沒有預防性傳播感染的效果。

植入方式 將含有荷爾蒙、箭形的柔軟塑膠棒植入子宮。

緊急避孕藥（事後避孕藥）

功能 在沒有保護措施的情況下發生性關係、有幾天漏吃避孕藥、使用了避孕套卻裂開，或者遭受性暴力時可以服用。此藥物能防止排卵和著床，降低懷孕的機率，但絕對不具墮胎作用。這種藥物必須到醫院開處方箋才能拿到，主要有兩種類型。第一代事後避孕藥為高劑量黃體素（Levonorgestrel），需在發生性關係後的 3 天內服用，常見品牌如后安錠（NorLevo）；服藥後每 100 人中有 2.6 人會懷孕。第二代事後避孕藥為黃體素受體調節劑（Ulipristal acetate），在發生性關係後的 5 天內服用即可，常見品牌如艾伊樂（Ella）；服藥的 100 名中還是有 1.8 名會懷孕。

效果 事後避孕藥無法百分之百阻止懷孕，因此如果月經預定日到了卻遲遲沒來，請一定要驗孕。

缺點 月經週期會改變，也可能會出現不正常出血或排卵障礙，請向醫生諮詢獲得處方箋。

服用方法 發生性關係後 72 小時內服用一次。

除此之外，還有避孕貼片、插入陰道內的陰道環、陰道隔膜（diaphragm）、避孕海綿等多種方法。若想知道更詳細的資訊，請參考以下網站。

Bedsider Birth Control Support Network	bedsider.org

不推薦的避孕方法

除了前面介紹的各種方法之外，還有其他避孕措施，但是其中有幾項的失敗率很高，要多加留意。

殺精劑

植入陰道內的藥物，含有 Nonoxynol-9 成分，會降低精子的活動性。植入後的效期約 1 小時，因此必須在發生性關係前就使用。這並非「殺死精子」的藥，不能將精子完全殺死，所以失敗機率高，每 100 人當中就有 28 人避孕失敗。此外，Nonoxynol 成分還可能會引發陰道炎，所以不推薦使用。

月經週期法

此方法是藉由推算月經週期中的危險期（容易懷孕期）

及安全期來發生性關係。精子在女性體內最長可活 7 天，加上根據身體狀態的變化，排卵日可能會有所不同，因此每 100 人中就有 24 人避孕失敗。尤其對於月經週期不規律可能性極高的青少年更危險，並不推薦使用此方法避孕。

體外射精法

這是在射精之前，男性將陰莖拔出女性陰道的方法。若要能完美地調整射精情況，需要很多的訓練，究竟有多少男性做得到呢？使用體外射精法來避孕的 100 對異性情侶中，有 22 名女性懷孕。從調查結果來看，此方法比想像中還要難以執行。尤其是在射精之前所分泌的考珀液（Cowper's fluid）中也可能混有精子，提高了懷孕機率。

結紮手術（永久避孕法）

這方法是將輸卵管或輸精管的一部分切除後捆綁在一起，使精子和卵子無法移動。此方法需要做外科手術，而且一旦做了就難以挽回，所以不建議青少年採用。

聽說避孕套可能會裂開或者有不良品……

>>>> 除了保存期限之外，也一定要確認避孕套是否暴露在高溫或寒冷的狀態下，因為變質的避孕套很容易裂開。如果避孕套總是裂開，有可能是因為尺寸太小，有此狀況時，請購買其他適合的尺寸，或者使用有一點厚度、而非超薄的避孕套。

若想避免因避孕套而受傷，最重要祕訣就是潤滑劑。只要在避孕套內側和外側塗抹少量潤滑劑，可以減少摩擦、避免疼痛，還可以防止避孕套裂掉。如果發生性關係之後發現避孕套裂開了，就需要服用緊急避孕藥。

青少年也能在藥局購買避孕藥嗎？

>>>> 十幾歲的青少年服用避孕藥，並不會特別危害健康。只是初經後的兩年左右，是大腦和子宮相互作用、變得成熟的時期，所以不建議為了調節月經刻意吃避孕藥。若正處於這個時間點，請和醫生商量看看再決定是否用藥。

在美國等地，避孕藥（事前避孕藥）是普通藥品，像泰諾林（退燒止痛）或撒隆巴斯（消炎鎮痛）一樣，在藥局就可以購買得到。但在台灣，避孕藥屬於處方用藥，非經醫師處方，藥局不得擅自販售。對於服用方法若有疑問之處，務必向藥師充分詢問。雖然可能會有點害羞，但若堂堂正正地經歷這過程，會感到很欣慰的。

我想吃避孕藥讓這個月的月經延遲，這樣做沒問題嗎？

>>>> 面臨考試或外出旅遊時，如果能延後月經會比較方便吧！在月經預定日的五到七天前，每天服用一粒口服避孕藥，在服藥的期間就不會有月經。等行程結束、有月經也無妨時再停止服藥，大約一兩天後就會開始有月經。

如果是同性之間發生性關係，就不需要避孕了嗎？

>>>> 懷孕需要精子和卵子相遇才能實現，雖說同性做愛不會懷孕，但我們在發生性關係時，需要有保護措施的重要原因之一是為了預防性傳染病。考量到衛生和安全，無論是異性還是同性，在將身體的一部分放入他人體內時，都要養成使用保護措施的習慣，例如可使用避孕套、保鮮膜、牙齒隔離障（dental dam）或手指安全套等等。

終止妊娠

如果真的懷孕了，我應該選擇生育還是終止妊娠？

　　不是所有的受精卵最終都能生育出來。有時候受精卵不會成長、有時候胚胎著床後又脫落、有時候長得好好的卻突然因為不明原因而出現問題，這些情況都稱為「自然流產」。另外，意外懷孕或胎兒出現問題時，本人也可能會決定不要繼續懷孕，這被稱為「終止妊娠」或「人工流產」。

　　雖然希望女性不會經歷到因為意外懷孕而終止妊娠的狀況，但實際上這種狀況發生在許多女性身上，全世界每 4 名女性中就有 1 名經歷過終止妊娠。沒有百分百成功的避孕方法，就算想要懷孕，在過程中也可能會出現自己不樂見的情況，因此我們需要瞭解終止妊娠的正確資訊來做好準備。

如果意外懷孕該怎麼辦？

世界上有很多事情無法按照計畫而行，可能會發生意想不到的情況，懷孕就是其中之一。只要是有月經的 14 ～ 49 歲女性，任誰都有可能會遇到這種情況。

沒有計畫卻懷孕了，該怎麼辦？事先假想一下會發生哪些狀況吧！若遇到後才想開始瞭解，就會感到驚慌失措、難以找到正確的資訊或充分思考。在這過程中，可能會錯過重要的時機。

請先假設你已經知道自己懷孕的事實，然後一步一步地回答下列問題，這可以幫助你做出決定。

現在胎兒多大了？

首先最重要的是，知道自己懷孕幾週了。無論是想要生孩子還是不生，為了自己的身體健康，都要儘早接受檢查。通常在懷孕 24 週內可以透過藥物或手術等方法終止妊娠。若是懷孕 12 週以內，無論選擇什麼方法都可以在一天之內結束，但若是超過此週數，就需要更長的時間來終止妊娠，危險性也會越高，所以儘快決定是否終止妊娠比較安全。

自己有什麼樣的情緒？

請好好檢視一下知道自己懷孕時的想法和心情。是興奮？擔心？快樂？悲傷？混亂？驚訝？隨著自己平時是從何種角度來看待懷孕、生育和建立家庭這件事，會產生的情緒也各不相同。

肯定有些人平時懷抱著堅定的信念：「不管發生什麼事，我都不會墮胎！」但是很有可能從未想過，自己當真懷孕時該怎麼辦？我們生活中會發生意想不到的事情，也會走上意想不到的道路。曾經高喊過「我絕對不會生孩子」的人，之後也可能會決定生育；而曾經下定決心「絕對不會墮胎」的人，也可能會選擇不要生育。

我的生活具體會變成什麼樣子呢？

「如果生下孩子／如果將我的孩子送去給人領養／如果終止妊娠」我的生活會產生何種變化呢？思考一下在各種情況下，自己的生活會變得如何、又該如何維持想要的生活吧！回想一下對現在的你而言，最珍貴的三件事是什麼，是正在交往中的人、學業、工作上積累的成就、宗教還是父母呢？具體想像看看，你所做出的每一個抉擇，會對你現在最珍視的目標或關係產生何種變化呢？

現在我的經濟狀況如何？

在做任何決定時，經濟狀況都是很關鍵的因素。有可能你在經濟上尚未做好成為父母的準備，也可能因為太晚決定終止妊娠、承擔不起須支付的費用而選擇生產。請至少要避免因為金錢問題，導致自己做出不情願的選擇。

會有人支持我的選擇嗎？

「如果生下孩子／如果將我的孩子送去給人領養／如果終止妊娠」周圍會有支持我的人嗎？與其獨自苦惱，不如和父母、輔導老師或值得信賴的朋友討論看看。如果很難向周圍的人傾訴，也可以向幫助青少年、提供專業諮商服務的青少年支援團體請求協助。

未成年懷孕 求助網站	https://257085.sfaa.gov.tw/	2007 年由衛福部社家署委託勵馨基金會設置的全國統一整合性未成年懷孕服務。提供未成年懷孕者及其重要他人求助諮詢。
全國未成年懷孕 諮詢專線	0800-257085 服務時間： 週一至週五 0900-1800	此專線完全免費，可提供相關諮詢與協助處理轉介需求，如：心理諮商、孩子托育服務、坐月子營養費、嬰兒出養等。

如果決定要終止妊娠

決定要終止妊娠時，懷孕週數在 10 ～ 12 週以內，可藉由服用藥物或手術的方式進行。這兩種方式在婦產科皆只需一天左右的時間，副作用和後遺症也較少。每過兩週的懷孕期，產生副作用或併發症的危險就會增加兩倍。週數越晚，可以實施手術的醫療機構就越少、住院時間會越久，帶給身體的負擔也會越龐大，因此只要懷疑自己懷孕了，就應該要儘快去看婦產科。

藥物流產

服用終止妊娠的藥物，適合懷孕週數較少的人，不需要麻醉、手術或抗生素，在一天內即可結束。這時和自然流產一樣，出血和疼痛會持續 1 ～ 2 天。需在婦產科遵照指示服藥，並於後續回診確認胚胎是否排乾淨。每 100 人中有 1 ～ 5 人可能需要做追加手術。

手術流產──真空吸引術

真空吸引術是把具有吸入功能、非常小的管子放入子宮內來吸取胎塊組織，手術所需時間約為 10 ～ 15 分鐘，當天即可出院。因為會進行麻醉，不會留下任何手術中的記憶。

麻醉藥的副作用、手術器具可能會導致子宮受損或產生後遺症。每 100 人中有 1 人可能需要進行追加手術。另外，針對不同週數或情況，可能會使用其他手術方式，例如子宮擴刮術是把約 1cm 的刮勺伸入子宮，將大部分組織破壞成小碎片後，再併用真空吸引的方式完成。

關於自己的身體，我有做選擇的權利

　　不受國家干涉、可以自行做出關乎自己身體決定之「自我決定權」是國際法所保障的人權。然而，以前女性的自我決定權並沒有受到保障。以南韓為例，在 1953 年制定的刑法中規定了「終止妊娠是罪」，選擇要繼續懷孕抑或是中斷懷孕，明明是直接關係到女性健康和生活的重要決定，一直以來卻都是由法律、法官、伴侶代替自己來做決定。由於社會上將終止妊娠視為一種錯誤，想要終止妊娠的女性不僅無法獲得正確的資訊，也難以受到安全且有人格的診療。終於，在 2019 年 4 月 11 日，「將終止妊娠定為罪的『墮胎罪』違反了人權和憲法」的判決出爐了，從 2020 年 1 月 1 日開始，終止妊娠將不受任何處罰。時隔 66 年，南韓女性終於找回了關乎自己身體的自我決定權。（1984 年台灣通過《優生保健法》，在特定情況下，女性可依其自願選擇終止妊娠。）

聽說墮胎過以後就會不孕……
這是真的嗎？

>>>> 過去終止妊娠是非法的，懷孕的女性們只能尋找非法藥物，或者使用尖銳器具等危險的方法來墮胎。醫院也主要採用刮除子宮內膜的子宮搔刮術，但該手術使用的器具可能引起併發症。1990 年代以後開發了誘導流產藥物和真空吸引術，所以現今在醫療機構進行的終止妊娠方式非常安全且衛生。

當然，服用藥物或手術也有可能產生副作用。雖然很少見，但如果因終止妊娠不順利而再次進行手術、出血過多或者多次終止妊娠，有可能會在子宮內膜出現問題而產生副作用。所以，不論採用何種方式，都必須與醫護人員慎重討論，也不要忘記在進行性關係時避孕！

杜絕偏見歧視！
為性別平等
勇敢發聲

隨著時代的脈絡，女性的身體會受到不同的影響。
若想更透徹地理解我們的身體和權利，
就有必要仔細察看社會的政治、經濟和文化。
現今我們的社會，是如何看待女性的身體呢？

性物化

遊戲與廣告中女性角色
暴露身材就是性物化嗎？

　　你曾經在 Google 上搜尋過「男高中生」嗎？如同預期，會出現男學生穿著校服的照片，也可能會看到男藝人的畢業照。這次換搜尋一下「女高中生」，會發生什麼事情呢？不要驚訝喔！上面寫著要進行「成人認證」的網站可不少。當然也有穿著校服的普通女學生照片，但是明顯有更多過度裸露的照片，要不然相關的關鍵字怎麼會出現「18 禁」或者「發育」等單字呢？

　　這次讓我們回想一下線上遊戲中的女性角色吧！她們當中有一半穿著比基尼或穿著側邊或前面開叉的裙子，令人訝異的是，她們的服裝是戰鬥服，而且女性角色的頭像總是強調乳溝或裸背。我們所熟悉的女性形象，究竟消失到哪裡去了呢？

什麼是「性物化」？

在線上遊戲中的女性角色，經常都是露出胸部、扭腰擺臀的女高中生，而且擁有超乎尋常的纖細腰身、和臉一樣大的豐滿胸部。這些女性角色的形象究竟是如何定型的呢？這是因為大家不去想像真正的女性形象，才會發生這種事情。實際在上學、讀書、奔跑玩耍的普通女高中生模樣；穿著結實的盔甲、肌肉發達、拿著巨大武器的女戰士模樣，這些模樣不存在於大眾認定的女性形象中。再加上人們只能用「擁有與男性不同身體的存在」來說明女性，就用非現實的身材比例來展現胸部大、腰細、臀部突出等外形。他們將女性塑造成「不具有角色、個性和特徵」的存在，反而讓女性變成只具備「有曲線的身材」的存在。

沒有按照人原有的模樣，將他詮釋成「具有感情、人格、能夠主動思考的存在」，而是把人當成物品那般來詮釋，這就是所謂的「物化」。特別在強調身體特徵的同時，沒有將身體當作性的主體，而是當成客體，這就稱為「性物化」。在談論女性時，只想起女性身體的特定部分，或者想像強調該特徵的姿勢，這都是因著性物化而產生的現象。不過，我們現在在這個社會，不論男女都已經太過熟悉這種形象了。

換上其他身體也不奇怪的廣告角色形象

讓我們回想一下常見的酒類廣告吧！

在啤酒廣告中，男模特兒喝著涼爽的啤酒感受刺激快感，與朋友們度過歡樂的時光；在燒酒廣告的女模特兒，則經常扭動小蠻腰、穿著貼身的衣服露背。製作這種廣告的製作人似乎並沒有打算演繹出這酒有多麼美味、這酒能讓聚會變得多麼愉快。在眾多廣告海報中，女性也只能以苗條的身材存在，只要是符合這種標準的身材，就算換成其他人的身體，在同一背景、同一地點出現也毫不違和。

評價女性臉蛋和身材的社會文化

將女性物化的社會文化讓詮釋女性的方式變得千篇一律，穿著類似的衣服、擺出類似的姿勢、說出類似的台詞……在許多遊戲和漫畫中看到的女性角色都沒有太大的差異，也是出於這個原因。胸部和臀部異常巨大，不符合現況和季節的過度裸露，而且那些模樣都可以聯想到性愛。沒有把重點放在角色敘事的說明，而是將視線集中在胸部、股溝或臀部，導致玩家或讀者不得不對於偷看乳溝和裙子的視角感到熟悉。

生活在這樣看待女性和女性身體的文化中，不知不覺地，就連女性自己也習慣了這種視線。好像別人一直在看著自己的身體一樣，女性也會評價自己的身體，或者將展現給他人看的魅力視為優先的價值。這個社會把「臉蛋評價」和「身材評價」當成遊戲一樣在玩，連體重正常的女性都覺得應該減肥，並不斷思考自己的身材還缺少什麼。

小小的漣漪聚集，就會形成大波浪

如何徹底斬斷這個惡性循環呢？做起來當然不容易，不過我們還是一一嘗試看看吧！其實，只要人們的聲音凝聚在一起，就會逐漸引起變化，像是反覆特寫小女孩嘴唇的冰淇淋廣告停止播放、賽車比賽中揮舞旗幟的 Grid Girls 制度也消失了嘛！

我們試著在各自的崗位上掀起小波浪吧！如果有平台播放貶低女性或物化女性的內容，請傳送堅決且強烈的指責訊息給他們，並且努力點擊「反對」或「檢舉」按鈕。若持續累積微小的實踐，比起被展示的女性，發聲的女性將會變得更多。女性的身體再也不是一直被評價的破碎軀體，而是具有人格和能力的個體，這樣的文化將會持續散播開來。

我喜歡的女藝人穿著護士服出現在 MV 中，被說是「性物化」而引起了爭議。她不過只是穿上護士服而已，為什麼會被視為「性物化」呢？

>>>>> 首先，把在醫院看過的護士服和 MV 中登場的護士服做個比較吧！實際的護士會穿著低跟鞋、白色且方便活動的工作服。但我們看到的有些照片上出現的護士會戴著護士帽，穿著緊身或者露胸的襯衫，還有短裙和高跟鞋。若要在病房奔波照顧患者，這是絕對不可能的穿著。那麼，MV 中的那模樣是在描寫護士還是在描寫模仿護士的某種形象呢？網路上也可以找到很多以「性感護士服」這樣的字眼來販售的假護士服。

想必現實中的護士都是抱持著助人救人的崇高目標意識，努力取得了專業資格證，但是有些人卻常常將這個職業群體加入性形象。當大眾文化將這兩種形象混為一談時，護士們的安全難道能得到保障嗎？實際上，護士們經常受到醫院相關人士或患者的性暴力，身為專業醫療人員卻得不到尊重，此殘酷的現實與護士這個職業被聯想成充滿性暗示的文化不無關係。如果沒有貶低或將對方性物化的意圖，就應該將對方真實的樣子描寫、表現出來；若不想做出傷害他人人格和情感的創作，就應該要勤奮學習、不落入社會文化的窠臼中。

厭女文化是怎麼形成的？
與偏見、歧視有什麼關係？

2016 年 5 月，在首爾江南站附近的商店街，發生了一個驚悚事件：有一名男子用刀刺死了一位初次見面的女性。事後，眾多女性在江南站附近貼上便利貼，留下為受害者哀悼的心意，以及深有同感的訊息。抗議那些毫無理由就攻擊女性之行為的聯盟，也以越來越強大的力量凝聚起來。

如今「厭女」已成為社會上重要的問題之一，許多人都對此感同身受。然而，認為「這個罪行只是那些特別不適應社會的人才會犯下的」，與認知到「這是一個廣泛的社會問題，自己隨時都可能會變成受害者」，這兩種人在認知和經驗上本身具有很大的差異。

「不喜歡」和「厭惡」的差異

　　網路漫畫是大眾可以輕鬆享受的媒體。在總是快速反映出時代面貌的網路漫畫市場中，女性故事正在嶄新崛起，但另一方面，也有傳播媒體持續不斷地引發「厭女」的爭議。在2020年8月，甚至有人們連署請願、要求中止某個「厭女」的網路漫畫連載，究竟是什麼樣的內容，才導致人民向政府抗訴其嚴重性呢？

　　人們對於這部網路漫畫提出的質疑在於女性角色的呈現方式。其中有女性角色一放假就去酒吧工作、輕鬆賺大錢；有的沒有業務能力，僅靠著裝可愛和外表來競爭；有的則是和上司一起過夜後，就被選為正式職員等等。與流著汗水、辛苦賺錢的男性角色形成極大的落差，這些角色設定都被視為「厭女」，引起軒然大波。

　　「厭惡」有「不喜歡、討厭」的意思。然而，「厭惡」和一般的「不喜歡」是完全不同的等級。「厭惡」是指「根據某種偏見來進行判斷，或者使人理所當然地接受這種偏見」的文化。難道真如前面提及的網路漫畫所描繪的一般，女性光憑外貌就能輕鬆賺錢，即使沒有能力，也能夠藉由討好上司的方式輕鬆就業嗎？事實並非如此！那只是一部分人的偏見罷了。然而，毫無意識地傳播這類的故事而使人產生錯覺，是件危險的事。

針對弱勢族群開玩笑，是一種暴力

有些網路漫畫會以縱火、搶劫或殺人為題材，但是讀者們看完網漫後，並不會認為「任誰都有可能會殺人嘛！」而支持犯罪者的角色。大家都明確曉得這些行為是犯罪，只是在暗地裡透過現實中不可能發生的場面來發洩情緒，或對於懲惡揚善的結局感到痛快。然而，當漫畫內容裡包含了對弱勢族群的蔑視或偏見，看到這類漫畫的人還感到痛快的話，就不太對勁了。那並非言論自由，而是對他人的暴力。重點不在於漫畫裡有什麼劇情，重點在於漫畫家本身如何詮釋，使得讀者對於何種角色投入情感。

特別是以弱勢族群為對象所開的玩笑，無論意圖為何，都很容易淪為將偏見廣泛傳播的暴力形態。有一群擁護造成爭議之網路漫畫的人們表示：「這部網路漫畫才是真實反映現實的青春讀物。」看吧！對女性（或特定族群）的偏見逐漸淪為事實，這類的事件就近在眼前。

被「偏見」禁錮的厭惡感

厭惡的基礎是「偏見」，只傾向於某個團體的特定形象，而非針對個人的差異性和事實與否來進行判斷。

就像「南韓人是一群數學很好的模範生，而且對金錢很執著，總是不停地工作」這樣的說法一樣。如果有人對你說：「你也是韓國人，你一定也是這樣啊！」那麼你會產生什麼想法呢？也許會覺得對方並不瞭解自己吧！

「偏見」不會只躲藏在不好的話題中。例如：女性都具有母愛、很有耐心，照顧別人的能力也非常卓越，這種稱讚其實也蘊含著對女性的一種偏見。重點並非那是好話還是壞話，重點在於這都是被固定觀念所束縛，認為「因為……所以你當然要這樣啊！」繼而用這些偏見來要求女性，或者不經大腦、毫無證據就大肆傳播這些內容，這才是造成厭女的核心原因。大眾將意識到自己的慾望、成為消費主體的女性稱為「大醬女（된장녀）」；將符合傳統男性社會所期盼的形象、犧牲奉獻的女性認定為「概念女（개념녀）」，不管是哪一種，都算是「厭女」。

女性們，勇於發聲、勇於思考吧！

在家長制社會中，認為女性要安靜且被動才算理想。然而，現代女性們已經不會再坐視不管了。某些尚未領悟到這個世界已經發生改變的男性喜劇演員，在節目中表示「我討厭那些喧鬧、一直發聲和思考的女人」，託他們的福，女性們得到了一個新的標語。

為了不要再有任何人說出那種話，為了讓那些帶有「女性是弱者」的偏見、把它當成笑柄的創作者可以反省，為了不讓貶低女性的單字變成流行語，大家一起大膽發言、大膽思考和行動吧！

為什麼媒體中的女性
經常扮演輔助男性的角色？

　　《和朴元淑一起生活（박원숙의 같이 삽시다）》是由幾位藝人一起離開首爾，共同生活一段時間，如此拍攝而成的韓國綜藝節目。藝人們一起出去玩的形式，不是很常見的設定嗎？沒錯，但這個節目有趣的地方在於「出演者的組成」，平均年齡68歲的女演員們，生動地展現出她們的「真面目」。這些演員們在韓劇裡經常扮演母親，負責煽動主角們發生衝突或者撫慰心靈的角色，但在看節目時卻會發現，她們每一位在生活中都有嶄新的人設，令人感到新奇有趣。這明明是理所當然的事實，為什麼會讓人覺得耳目一新呢？

　　我們過去透過媒體接觸到的女性形象和角色是什麼？現今的女性形象和角色又產生了何種變化？現在一起來瞭解看看吧！

媒體中難以見到的女性形象

近二十年來，許多電視節目（特別是綜藝節目）都是由一群人共同入鏡來製造笑點。以最具影響力的主持人為主軸，組成「○○幫」、「△△幫」，私底下互相稱兄道弟的藝人們在鏡頭裡真實演出。雖然每個節目的組成方式不盡相同，但還是有一些基本成員在各個節目中穿梭出演。

在男性佔據媒體的同時，很難看到女性藝人的出現，就算有女藝人出演，大多都是扮演具有刻板印象的角色。男性們組隊賭上自尊心來競爭，或者在玩熟人才玩的惡作劇時，女性通常只能附屬於男性或者擔任輔助的角色。

只能「輔助」男性的女性？

更關鍵的是，女藝人總是被要求表現出和藹可親的態度和明朗的笑容。就算節目的要求很過分，女藝人依然得保持笑容來回應，甚至有節目要求女藝人在年齡差距二十歲以上的中年男子中選出理想型，並與他們進行肢體接觸。這時候只要產生一點厭惡的反應或者表情沒有笑容，隔天就會被捲入「人品爭議、態度爭議」。比起用自己的角色講述自己的故事，女性更常被賦予指定的角色。

難道這樣的情形只發生在綜藝節目嗎？在女性和男性共同主持的新聞或其他節目中，女性只在一旁輔助男性的模樣也歷歷在目。此外，在這樣的情形下，被安排的女性年齡大多比男性小。透過媒體就足以反映出，女性所扮演的角色有多麼受限和固定。

由女性來證明女性的能力

　　如今橫掃各個綜藝節目的喜劇演員張度練（장도연），雖然對脫口秀充滿自信，但據說以前並沒有媒體願意給他發聲的機會。主持人宋恩伊（송은이）和喜劇演員金淑（김숙）也表示，過去在舞臺上並沒有立足之地。包含她們在內的女性們，在近幾年當中持續開拓 YouTube 或 Podcast 等平台，親自製作為女性發聲的廣播內容。

　　即使沒有勉強微笑或者獲得外貌的好評，依然能讓氣氛活絡的「藝般人 *」Jaejae（재재）、證明四十多歲女性也可以詮釋各式各樣內容的「VIVO TV（비보 티비）」、身形壯碩的女性也能盡情享受運動的「今天開始運動胖（오늘부터 운

---

*「藝般人」的韓文是「연반인」，為「藝人」的「藝」和「一般人」的「般人」合成的新造語。

동뚱）」節目等等，透過這些媒體平台盡情展現了女性之前未曾公開的面貌。

有些時候需要以挑惕的眼光看待媒體

現在陸陸續續出現許多節目，讓大眾得以看見多樣化的女性形象。越來越多的媒體願意讓女性扮演較吃重的角色，這是值得慶賀的事情。這多虧了女性媒體人的努力和熱情，讓觀眾的 sense 比起以往更加敏銳。觀眾開始用更苛刻的標準來評價媒體，也不會容忍媒體用無禮的方式來對待女性。

我們要繼續維持這種態度才行。企圖藉由貶低、戲弄女性來受到關注的綜藝節目或 YouTube 頻道，以及那些以不真實眼光展示女性身體的線上遊戲或網路漫畫，我們都不要買單。試著在這些平台寫下批評的留言吧！或者在網路上積極地留下公正的評價，不要再讓媒體將對女性的暴力包裝成浪漫的電視劇場景，甚至還視為理所當然。適當使用 YouTube 或 SNS（社群網路服務）的檢舉功能，也是不錯的方法。

你現在訂閱什麼樣的媒體、支持著誰、向哪裡歡呼，這一切都逐漸累積、正在創造一個女性故事的新歷史！請不要忘記這個事實！

我們需要更多元的
女性敘事

好！現在問各位一個問題。你最近看的電影當中，有符合以下三點嗎？「具名的女性角色有超過兩位以上嗎？」、「她們有互相交談嗎？」、「她們的談話內容中有哪些跟男性無關呢？」

為什麼這樣問呢？這就是貝克德爾測驗（Bechdel test）的三個過關條件。貝克德爾測驗是1985年美國漫畫家艾莉森・貝克德爾（Alison Bechdel）為了批判好萊塢電影界的性別歧視而設計的測驗。雖然這三個條件乍看之下很容易符合，但令人訝異的是，有數不清的電影並沒有通過貝克德爾測驗。

不過，近期慢慢出現了轉變。以女性為主角，或者以女性為敘事題材的各種影視作品都備受矚目。大家不想只是看到女性受到具有完美形象的男性保護，或者由男主角負責解決問題，女性只是在一旁輔助，觀眾們也希望看見女性演出具有主體性的角色。

如果以後想看見更多樣化的女性故事，我們對於媒體的標準就不能那麼鬆散。

要不要加上自己認為很重要的條件，來製作一個專屬自己的貝克德爾測驗呢？說不定這會讓我們在觀賞電影時，變得更加愉快喔！

> 玻璃鞋？王子？
> 我都不需要！

色情作品

色情作品哪裡有問題？
看出被扭曲的女性形象！

　　每個人都可能會產生性幻想。想像喜歡的藝人對自己告白並請求交往、想像自己躺在沙灘上，被海浪不斷拍打的沙子舔拭著自己的身體、想像自己變成古代戰士，與激烈戰鬥的對手墜入愛河等等，想像的世界本來就是無窮無盡且無害的。

　　色情作品（Pornography）包含描寫人類性行為的小說、影像、照片等等，可以說是透過文字或影像將幻想的內容實體化。其表現的載體不限，同人小說、成人小說、BL 漫畫、刊登在《花花公子》上的照片、色情電影等等都包含在內。用藝術的方式表達出自己的幻想，並與大眾產生共鳴，這也許是言論自由的一種，但是我們應該審慎批判的是色情作品的製作過程，以及其中所包含的意圖。

色情作品中展現的身體

色情作品中大部分的演員胸部、臀部和陰莖都很大。有些演員本來身體就是長這樣，但是也有演員為了在色情行業生存而接受整形手術，甚至注射荷爾蒙，用人工的方式改變身體狀態。拍攝結束後，還會用電腦軟體修改畫面中顯示的身體部位，使其變得更大或更小、除去皺紋和毛。雖然我們可以對特定的身體形象抱有幻想，但一定要曉得那並非現實。如果不能區分幻想和現實，就會陷入無盡的誤會和慾望的惡性循環。

有一段時間還出現了製造粉紅色乳頭的乳霜產品，引起了眾多女性的憤怒。該化妝品的廣告是用一些訪談男性的內容編輯而成，廣告中的男性表示，女性粉紅色的乳頭看起來很好看，但深色的乳頭看起來就有點髒兮兮的。如同前面所提到的一般，青春期過後，鼠蹊部和乳頭逐漸變成深色是很自然的事情。然而，成人漫畫、色情圖片中出現的女性，她們的乳頭一般都被呈現粉紅色。

遺憾的是，作品和現實的主客顛倒，甚至出現了「像色情作品中的身體一樣、讓乳頭變成粉紅色」的廣告。像這樣對身體歪曲的形象，不會只停留在畫面中，甚至還會對人們的身體和想法產生影響。

非法攝影的恐懼

色情作品從很久以前就有了，但因為色情作品引發的問題越來越嚴重，值得大家一同關注。以前製作照片或影片的製作者、傳播的流通業者以及消費者，都是明確區分開來的，但是現今這個界線變得模糊。除了以賺錢為目的來製作商品的傳統業者之外，為了瞬間的人氣或樂趣而進行非法拍攝、製作合成影片的人正在逐漸增加。

於此同時，之前都是按照協調好的劇本由演員來演戲，現在則開始有一般民眾出現在影片中。在公共廁所、街道、咖啡廳等處，女性可能被非法拍攝，或者未經對方同意就把情侶之間拍攝的影片流露出去。在不知不覺間，自己的模樣也許會以色情作品的模式，傳播給不特定的多數人，這樣的時代已經到來了。

「色情作品中的登場人物是演員，那些畫面都是演的。」這種話再也不能相信。很多女性都因為不知道自己什麼時候會成為受害者而感到不安，甚至在學校這種應該最為安全的地方，也發現過非法拍攝設備。

A片？淫亂物？

「非法性剝削影片」是個連人的性命都可以奪走的非法拍攝品，例如 2020 年南韓爆發的「N號房」事件中，包含未成年少女在內有數十名女性受害。我們不可以將這樣的影片用「A片（色情影片）」或者「淫亂物」這樣的單字來醜化、指責受害者。

女性不安感逐漸擴大的同時，「國產色情影片（南韓人登場的色情影片）」、「一般人偷拍（一般人登場的非法拍攝）」、「女友直拍（親自拍攝女朋友的樣子）」等標籤的影片點擊率卻正在增加。人權和肖像權消失，畫面中的女性淪落為無名工具。

色情作品中被扭曲的女性形象

只要不是非法拍攝物就沒關係嗎？在許多色情作品中，不分場所、時間和人際關係，女性都有可能會遭到性騷擾，或者發生沒有達成協議的性關係，但最後色情作品的呈現都是那些女性會興奮起來。在這樣的劇情中，女性的行為或情緒變化並不符合常識，更別提法律的保護了，反而只會強調偉大男性可以滿足女性的征服感和自豪感。即使是經過劇本編排的場面，最終也只會對女性的人權造成危害。頻繁地描寫女性願意且享受性暴力，並下出這種毫無脈絡的結論，只會導致社會對女性暴力的正當化、擴散厭女的情節。

如果知道色情作品和非法拍攝影片是從哪裡出現、又會如何流通，就會更加清楚為什麼這是女性暴力和女性人權的問題。在分享性交易心得的網站、介紹性交易的平台上，可

隱藏在生活對話中的色情作品

　　幾年前南韓開始流行「기모찌（kimochi）」這個感嘆詞，不管是小孩、學生、大人或 YouTuber 都經常使用這個詞。這個詞其實是日語的「きもち いい」，意思是「心情很好」。但是這個外來語跟「Notebook」是將「筆記本」用來指「筆電」，將「題目」稱為「quiz」一樣，隱藏著不同層次的問題。這個詞廣為人知的契機是來自於色情作品。在日本製作或以日本為背景的色情影片中，女演員對性關係表示滿意時都會不斷使用這個句子，傳開之後，這個單字就被當成流行語來使用。尤其有幾位著名的直播主，讓女性出演者打賭誰可以最性感地講出這個詞，也有很多人把這句話當成感嘆詞來使用。不分年紀和性別，廣為流傳。

　　不管是有意還是無意，這句話被廣泛使用就代表，一般人在日常生活中也一直在重演色情作品裡的典型場面並傳達給其他人。如果用幽默的方式來消費色情的內容，對色情內容的排斥感也會自然而然地減弱。「熟悉色情作品」和「對性抱持開放的態度」是兩個完全不同的事情，那些主張可以藉由色情作品來獲得性知識的人，並不會想到色情作品包含了何種內容、是如何製作且流通的。

這個流行語只是開玩笑的啦！你是不是太敏感了？

如果你知道那句話是什麼意思，就不應該使用啊！

以發現這些影片被隨意播放，甚至廣告說可以免費觀看。另外，如同之前的「Soranet*」和「N號房**」一樣，也有積極地上傳和下載「非法性剝削影片」的平台，裡面的成員持續策劃網路性犯罪或者直接犯罪。此外，從N號房事件就可以看出，受害者的年齡層越來越低。也就是說，以女性為對象的犯罪與色情作品的界線並不明顯。

我們反對暴力

相信每一位閱讀這本書的人，都不會贊成約會暴力、家庭暴力和跟蹤騷擾之類的暴力。消除這種暴力的方法之一，就是反對「靠著厭惡女性來展示、消費女性身體的文化」。

反對色情作品並不代表法律禁止「表現性方面的物品」，問題不在於「性」而是「暴力」。與其不讓大家觀看（特別是未成年人），首先阻止生產和消費厭女的內容是更重要的。

---

* 色情網站「Soranet（소라넷）」成立於 1999 年，擁有成千上萬的非法色情片，其中包括情人分手後刻意散佈的復仇性色情影片，以及在公共場所偷拍女性的影片。一度號稱擁有超過 100 萬名會員，後來因女權團體口誅筆伐而關閉。

**N 號房事件是指發生在 2018 年下半年至 2020 年 3 月間的性剝削案件。作案人在加密即時通訊軟體「Telegram」上建立多個聊天室，將對女性進行性威脅得來的資料、相片、影片等發布在聊天室中。據查，聊天室裡付費觀賞性剝削影片的會員高達 26 萬人。已知受害者達 74 人，其中有 16 名未成年女生。

我們所有人都應該敏銳地找出日常生活中持續蔓延的暴力，改變用遊戲或文化來消費女性身體的情況。只要不消費，生產就不得不停止。除了色情作品和非法拍攝的影像之外，也要學會在眾多媒體中，區分帶有厭女色彩的媒體。

　　另一方面，最近大眾對於由女性導演和女性製作者所製作的色情作品的關注度正在增加。美妙的演出內容和故事情節，蘊含了性取向和性行為的多元性，製作出不帶給任何人痛苦、有價值的影片，也持續生產出嶄新又健康的性幻想。我們需要的不是暴力，而是像這樣多元化的想像力，不是嗎？

這篇文章一口氣闡述了「以企劃生產出來的商業色情作品」和「個人製作後在網路上流通的非法性剝削影片」兩種狀況。然而也有人主張説，在反對女性的日常生活被當作色情作品來消費的同時，也應該嚴格區分「非法性剝削影片」和「商業色情作品」的製作。

我想戒掉色情作品，
但總是像中毒似地不斷觀看⋯⋯

>>>>> 我們很容易對刺激性的東西上癮。想想看之前麻辣和黑糖在
南韓掀起的熱潮吧！看過又辣又鹹又甜的食物介紹後，有超
多人忍不住一吃再吃。色情作品也是以「刺激性」為目的來
製作的，所以很容易讓人著迷。其實看刺激性的照片或影片
並不代表自己淪為不道德之人。相反地，若好好利用，可以
用來探索自己的性，若和伴侶一起看，也有助於營造浪漫的
氛圍，所以並不是只有壞處。

但是，如果自己一直無法停止看色情作品，導致在人際關係
或社會生活方面受到影響，或者出現強迫症傾向，就應該要
視為「上癮」並尋求專業協助。研究結果顯示，經常看色情
作品的人，容易對於實際的性關係失去興趣，而且做出不安
全的性關係（暴露在性傳播感染的危險中）的可能性也比較
大，因此若有必要，請向醫院或諮詢所請求幫助。

如何找到無害的色情作品？

>>>> 用南韓的國民美食 —— 辣炒年糕來舉例好了！是米糕派還是麥糕派？喜歡香辣的醬汁，還是喜歡加了鮮奶油的玫瑰醬（Rose）？喜歡加入其他配料，還是喜歡乾淨俐落地只放年糕和魚板？如果不親自品嚐就不會曉得，只有自己知道自己適合什麼口味。

雖然許多色情作品都存在著將女性物化或展現暴力關係的問題，但是也沒有必要將所有包含性暗示的內容都放棄。不是指那些成人專用的內容，而是在日常生活中經常接觸的媒體中，裡面的人物也可能會做出性方面的行為。在接觸那些內容的時候，即使產生性慾或受到刺激，也完全不成問題。

如果想找到讓自己心情愉悅的刺激物，首先要瞭解自己在看哪些媒體時，最能對於登場人物的情景和情緒產生共鳴並投入其中。是漫畫、文字、電影，還是看親自描述的場面更好？又或者當登場人物之間產生驚險場面時，觀看的感受更棒？這些只有自己會曉得。雖然沒有一個性幻想片可以滿足所有人，但如果能找出滿足自己的要素是什麼，就能夠增加一項生活的樂趣。

煤氣燈效應

操控人心的煤氣燈效應，會讓受害者喪失自信！

　　「就知道你可以做得很好！」、「我相信你」、「你很棒！」有些人經常聽到這類的話，也有些人經常聽到「你怎麼又這樣了？」、「反正你總是會闖禍！」、「我跟你說真的，你沒有天賦」之類的言論。隨著時間流逝，這兩類人會有什麼不同呢？據說「稱讚能使鯨魚跳舞」，即便遇到同樣的問題，得到許多支持和鼓勵的人能夠更好地擺脫困難。

　　就像這樣，我們會受到他人的言語、行動或評價所影響。有些言語能使我們獲得勇氣來做更多的事情，然而也一定會有相反的情況。有些言語甚至可以隨便擺佈和掌握人的情感和心靈，該如何避免落入這些言語的陷阱呢？

都是因為喜歡你才這樣的！

　　《都是李雅莉》是一位以「李雅莉」為筆名的作家，將自己所經歷的約會暴力紀錄畫成網路漫畫的作品（之後編製成書，台灣於 2020 年出版）。這部從社群媒體連載起家的網路漫畫，引起了無數人的共鳴。每個人都可能經歷到的約會暴力受害者的無力感和恐懼感，都如實呈現出來。

　　這部漫畫中所呈現的加害者行為，特別引人注目的是「偏執和控制」。加害者會阻止被害者與其他人見面，控制對方的人際關係和日常行程，理由都是「因為愛對方」。「你為什麼把我視為奇怪的人？」、「我沒有你就活不下去！」加害者經常吐露這類的言論。故事裡的李雅莉表示，加害者想要把自己打造成「沒有他就什麼都做不了的『孤島』。」

讓人無法相信自己的「煤氣燈效應」

　　美國古老的驚悚片《煤氣燈下（Gaslight）》具體地演出一位與繼承姨母家的女人結婚的男人，如何一步步將妻子逼成精神異常者。一開始男人就將目光投向妻子的財產，他制定了縝密的計畫要把妻子逐漸變成病患。他用「請讓我妻子安定下來」這句話來趕走外人，也會把東西偷偷藏起來或者說謊，讓女人變得無法相信自己。

每到晚上，妻子就會抱怨煤氣燈的燈光變得特別暗，但丈夫卻說那是因為妻子身體變差才會這樣，而一直無視她的話。最後，妻子再也無法相信自己的所見所聞和感受，更加依賴丈夫。男人的策略終於奏效。

　　如同電影《煤氣燈下》中的男人對妻子做的那樣，或如同網路漫畫《都是李雅莉》中的男人對李雅莉做的那樣，操縱別人的情況或內心，讓那個人再也無法相信自己的行為，就被稱為「煤氣燈效應（gaslighting）」。

不知不覺就掉進陷阱中

　　煤氣燈效應主要是由力量較大的人對比自己弱的人所做出的行為。擁有更多知識或年齡與地位更高時，較容易行使支配力。當受害人開始不相信自己，當彼此的關係越深入，就越容易依賴對方的言行。

　　一旦熟悉這種關係後，即使受到不正當的待遇，當事人也很難剖析問題。在感受到擔憂或不愉快等危險訊號的同時，比起確認自己的心情，會更先一步確認對方的用意。依靠他人的時間越長，就越會覺得維持這段關係是世界上最重要的事情，很怕對方要跟自己分手、很怕再也無法見到對方、很

怕對方生自己的氣、很怕對方感到失望，所以有時候寧願忽視自己的內心。

令人意外的是，這種情況在情侶之間很常見。若不善於建立關係，受害的一方和害人的那一方都不會察覺到正在發生這樣的事情。下列為南韓「約會暴力研究所」提供的煤氣燈效應自我檢視事項。

不知道為什麼，事情總是按照那個人的方式來進行。

「你太敏感了……」
「這就是你會被忽視的原因。」
「就算被指責也要忍耐才對啊！」
「我沒有說過那樣的話，是你自己想像出來的吧！」
曾經聽過那個人對自己說這類的話。

那個人經常向周圍的人辯解自己的行為。

在跟那個人見面之前，會先檢查自己有沒有做錯事。

很怕被那個人脅迫，所以只好說謊。

跟認識那個人之前相比，
現在的自己變得毫無自信、無法享受生活。

培養「信任自己」的力量

　　如果不想落入煤氣燈效應的陷阱，就要培養「信任自己」的力量，請相信自己內心感受到的信號。尤其當人在心軟或感到疲憊時，會過度依賴交往中的人，請多加留意。即使是能幫助我的好人，有時候也有必要思考一下，這段關係是否健康？我的言語、身體以及情感是否得到了充分的尊重？

　　在心力只投入在一個人身上的情況下，會難以分析關係的現況，所以請盡量多多尋找生活中喜歡或覺得珍貴的事物。音樂、運動、小說或偶像，不管是什麼都可以。朋友就更不用說了，只要身邊有個能客觀檢視情況的人，就能確認煤氣燈是否真的變暗了。

　　請記住一件事，使你的自尊動搖的人並非好緣分，讓你在交往時變得越來越好，這才是好的緣分。

性暴力

權力關係與性別刻板印象，
讓性暴力無所不在！

日常生活中，究竟有多少的女性經歷了性暴力呢？根據統計（女性家族部「2019年性暴力安全實況調查」結果），南韓有18.5%的女性，一生中至少會遭受一次身體接觸帶來的性暴力傷害。如果連用眼神或言語進行性騷擾、單方面暴露生殖器等沒有身體接觸的情況都包含進去的話，比例還會大幅增加。（2023年，台灣根據現代婦女基金會進行的「性暴力事件求助態度網路調查」，受訪者中有33.4%曾遭遇性暴力，其中85%曾遭受性騷擾、27.6%曾遭遇性侵害。）

在數位化的時代，性暴力的類型越來越多樣化。這本書不會告訴你如何避免性暴力，因為性暴力並非受害者的責任。身為當事人、幫助者和這個社會的一份子，我們共同來思考該如何減少和解決社會上的性暴力問題吧！

性暴力的概念和社會傳統思維

用一句話來形容性暴力，就是「侵害他人的性自主決定權的行為」。從單方面開黃腔、用猥褻的言語性騷擾，擴大到以暴力或威脅強制發生性交的性侵害，凡違背對方意願所進行的一切身體上、精神上的暴力都算是「性暴力」。因此，加害者有可能是第一次在街上遇到的人，也可能是認識很久的戀人或配偶。未經同意的性行為，全都算是性暴力。

此時最需要注意的重點並不是「性」，應該要把焦點放在「暴力」上。對於遭遇交通事故、竊盜事故的受害者，大部分人都會認為加害者要受到應有的懲罰，但卻有許多人對性犯罪持有不同看法。「這事應該是被害者自己招惹出來的吧？」、「被害人和加害者會不會是情侶關係？」、「被害人是不是捏造事實、別有居心誣告？」不少人在聽聞性犯罪時反而會先這樣想。這些都是認為「性暴力不過只是多種性關係中的一部分」的人經常犯的錯誤。

然而，性暴力是傷害他人人權和尊嚴的重大暴力犯罪，因此和其他犯罪事件一樣，受害者有受到保護的權利，加害者要受到適當的懲罰才符合社會正義。

導正對於性暴力的滿滿誤會

對於性暴力，至今仍然有許多人存在各種誤解。現在就來逐一解釋代表性的誤會事例。

性犯罪都是因為受害者的穿著導致的？

如果性犯罪是因為女性穿短裙或過於緊身的衣服導致的，那麼性犯罪應該是夏天才會發生的季節性犯罪問題。然而在現實中，即使是身穿厚衣服的冬天，也會發生性犯罪，意思就是問題並不在於穿著。

2018 年，在比利時首都布魯塞爾舉行了一個活動來展示發生性犯罪時，受害者穿過的衣服。從校服、睡衣到印有漫畫人物等極其平凡的衣服都有，由此證明性犯罪和受害者的穿著並沒有任何關聯。將受害女性的穿著視為問題，等於是將犯罪責任推卸給受害者的二次傷害。

性犯罪是本能，加害者也不是故意的？

根據南韓刑事政策研究所對於「佩戴電子腳鐐的性犯罪者」進行調查的結果顯示，比起偶發性犯罪，計劃性犯罪的案件更高兩倍。此外，最常出現的犯罪場合是受害者的家中，加害者擔心被逮捕，平均移動了 40 公里抵達犯罪場所。如此

縝密地準備犯罪，難道真的是本能的問題嗎？「起因於男性的本能而發生性犯罪」的誤會，也會導致對犯罪者判處低刑期的弊端。

性犯罪的受害者只會有女性？

根據南韓性暴力諮商所在 2019 年的諮商統計，性犯罪受害者的性別中有 92.1％是女性。女性受害者佔大多數。但是若從學校和補習班發生的事件來剖析，男性受害者的比例其實並不低，也有 15％。受害者的年齡越小，男性佔的比例就越高。以上的數據意味著性犯罪並不是單純的性別問題，而是力量（權力）的問題。權力關係越明確時，每一個人都有可能成為受害對象。

積極拒絕就可以阻止性犯罪？

有時候只要清楚表明拒絕的意思，就可以停止非自願的性接觸，但這必須是相互尊重的理想關係才有辦法成立的。然而，性犯罪很難單純以「不同意」來拒絕就能擺脫受害狀況。此外，有些時候受害者在產生身體衝突的過程中被加害者傷害，而加害者擔心自己被逮捕，甚至會犯下像殺人那般更嚴重的罪行。尤其若是發生在職場或同職業領域內，這種

與前途或生計問題相關的性暴力，受害者會處在相對脆弱的位置。因此，去追究受害者為何當下什麼都不做？為何沒有積極反抗？這是錯誤的對待方式。

始於「權力關係」的性暴力

好！假設各位看到了以下的新聞，請想像一下其中的 A 和 B，你下意識會想要代入哪些單字。

「又發生了性暴力事件。據說加害者是 [A]，
他趁受害者獨自一人時犯下了罪行。
受害者鼓起勇氣報了案。
據說受害者是 [B]。」

老闆 - 工讀生 / 下屬職員 - 職場上司
軍隊前輩 - 後輩 / 新人演員 - 資深演員 / 教練 - 選手 / 祕書 - 政治家

我們來思考一下，適合 A 的單字們，具有哪些特徵呢？性犯罪通常是由年紀更大、地位更高或能夠向對方行使絕對影響力的人犯下的。換句話說，性暴力是擁有某些決定權（權力）的人，為了控制或折磨對方，想炫耀自己的力量而做出的犯罪行為。

尤其南韓社會很強調位階秩序。許多人都認為，默默地聽從指示、不積極發表意見是身為下位者的本分。在這種氛圍下，即使遇到不正當的事情，也很難提出抗議或積極地表達意見；身處於這種文化下，更難以防止性暴力。因此，為了打造出沒有性暴力的社會，不能單純地把焦點放在性犯罪者的性慾，這個社會的歧視和偏見從哪裡來？產生何種影響？有必要留心觀察這部分。

性別刻板印象導致的性暴力

　　幾乎不會有人覺得「我就是性別歧視主義者！」但是至今依然有男性會被灌輸「男人要在外面幹活」或者「男人心胸要寬大」這種話；女性則經常聽到「不能深夜出門」、「要幫忙家務事」、「要打扮得端莊」這類的話。這些固定觀念也會導致人們在性方面產生偏見。

　　尤其這個社會積極鼓勵並支持青春期男性表達性慾，卻經常教導青春期女性要保護和守護性。「因為是男人才會那樣！」社會以這樣的態度寬容男性在性方面的行動，這種氛圍不僅使得社會對於性騷擾、非法拍攝等性暴力變得麻木，甚至反過來追究受害女性的責任。

跟蹤騷擾一點都不浪漫

　　被扭曲成「表達愛意」、「純情男」、「浪漫」形象的代表性犯罪就是「跟蹤騷擾」。無視對方的意願，持續接近、監視、跟蹤、躲起來等待對方或傳遞影像或物品等行為都屬於跟蹤騷擾，這是可以被解讀為搞垮一個人的人生，甚至視為殺人前兆的重罪。

　　儘管如此，過去跟蹤騷擾卻被視為個人輕微的越舉行為，僅按照輕罪處罰，定為「持續性折磨」的程度而已。只要罰款 10 萬韓幣（約台幣 2 千多元），加害者就可以繼續跟蹤騷擾的行為。對此產生問題意識的公民社會，從很久以前就開始要求制定「跟蹤騷擾防制法」。南韓第 21 屆國會提出了六件跟蹤騷擾犯罪處罰法案，並於 2021 年 3 月 24 日制定完成。根據該法案，未經對方同意反覆跟蹤的加害者將被處以「3 年以下有期徒刑或 3 千萬韓幣以下罰款」，至於攜帶兇器的加害者將被處以「5 年以下有期徒刑或 5 千萬韓幣以下罰款」。

　　台灣的《跟蹤騷擾防制法》（簡稱《跟騷法》）於 2022 年 6 月 1 日起實施，定義 8 種跟騷行為：「監視跟蹤、盯梢尾隨、威脅辱罵、通訊騷擾、不當追求、寄送文字影像、妨礙名譽、冒用個資購物」，並符合「持續或反覆行為、違反特定人意願、與性或性別有關、使被害者心生畏怖」等要件，即構成跟騷行為，警察機關將可介入調查。一般跟騷的加害者將處以「1 年以下有期徒刑併科 10 萬元以下罰金」，至於攜帶兇器的加害者將處以「5 年以下有期徒刑併科 50 萬元以下罰金」。

如此一般，性暴力和性別刻板印象非常緊密地連結在一起，因此全民共同破除性別刻板印象的努力，將會成為打造沒有性暴力社會的重要基礎。

這不是受害者的錯

正如前面所說的，這段時間以來，南韓社會一直存在著只要發生性暴力事件，就會把責任轉嫁給受害者的氛圍。甚至評價女性的外貌是引起問題的成因，硬拗說：「不就是因為你漂亮才會這樣嗎？」或者說：「你長得不是會讓人欺負的外貌啊？」如此明目張膽地胡言亂語。這種氛圍不僅使受害者的精神和心理加倍痛苦，也會使他們在人際關係和社會生活中受到不利影響。正因現實是如此，受害者們很害怕世界的眼光，甚至還有「隱瞞受害事實」的副作用出現。

既不能保護受害者，甚至還造成二次傷害，針對這樣的現實我們不能坐視不管。實際上經歷過這種折磨的受害者當中，有許多人會產生羞辱感，甚至會責怪自己。明明犯錯的人不是他們，受害的人卻感到畏縮，我們不能再容許這樣的事情發生。

平時做想像練習

- 當有人想說不愉快的話，或者進行本人不情願的身體接觸時，請用低沉而果斷的聲音嚴厲地說：「不要這樣做！」

- 向那些想要偷偷進行性騷擾行為的人義正辭嚴地說：「這是性騷擾！」

- 如果在公開場所遭遇性暴力，請抓住周圍的人們，並大聲請求幫助。

- 要事先想好，若真的遭遇性暴力，第一個要先告知誰、去哪間醫院。

　　平常就試著把這種情況的劇本放在腦海裡吧！就算只有倚靠想像訓練，在實際經歷時，也能比起連一次都沒想過還更熟練地應對，也推薦參加自我防禦訓練，可以學習身體在受到威脅的情況下該如何應對。發掘自己內心的力量、瞭解界線的過程本身就很有趣，但更重要的是，可以學會以許多方式來應對危險情況。

　　其實當我們感到太驚嚇或生氣時，無法好好應對也是理所當然的，但是沒關係！不管如何應對，都不是受害者的錯。只要搞清楚誰對誰錯，就算憤恨不平的心尚未消失，也不會感到後悔自責、埋怨自己。

應對性暴力的方法

雖然希望不會發生那樣的事情，但就像走路時突然摔倒一樣，我們經常會遇到許多不願意發生的情況。如果受到了性暴力傷害，請務必謹記以下事項。

我沒有做錯任何事情

不管自己處在何種場合、穿什麼衣服、如何認識對方，任何人都不能對自己隨便亂來。因此，先深呼吸，然後準備下一個步驟吧！

尋找值得信賴的幫手

向擁有豐富的性暴力事件處理經驗、不會隨意判斷或評價受害者的專門機構請求援助。

全國婦幼保護專線	113
現代婦女基金會 - 性侵害防治服務專線	02-7728-5098 分機 7
婦女救援基金會	02-2555-8595
勵馨基金會	02-8911-8595
勵馨蒲公英諮商輔導中心	台北：02-2362-2400 台中：04-2223-8585 高雄：07-223-7995
芸光兒童與青少年性諮商中心	02-2914-3527

如有必要，請立即前往醫院

醫院的病歷可以作為法律證據，也可以預防懷孕或感染的風險。如果下定決心要去醫院的話，身體和衣服都先不要清洗，身體上留下的紀錄（傷口、異物、對方的皮膚組織等）全都可以作為證據使用。

考慮清楚自己想要的是什麼

你是想要依法處罰加害者，還是想得到道歉和補償？想要檢視、改善共同體文化？還是希望能與加害者相處的空間分離，再也不要遇到加害者？有各式各樣的要求，你可以獨自思考，也可以在專門機構的幫助下、透過法律來整理思緒。

寫成文字

雖然這些可能是你難以面對的記憶，但如果將其轉化成文字，反而能夠以客觀的眼光看待整體的情況。我

#MeToo 運動

MeToo（我也是）是在網路上用於公開性暴力行為之主題標籤，起源於 2006 年，美國社會活動家塔拉納·伯克在 Myspace 上使用，而自 2017 年好萊塢名製片哈維·韋恩斯坦性騷擾事件後，便廣為流傳。#MeToo 運動成為用來揭示和抗議性別暴力、性騷擾和性侵犯的運動，在世界各地獲得關注並相繼引發響應。

台灣的 #MeToo 運動則在 2023 年由一名民進黨黨工揭發曾遭受職場性騷擾，但未得到主管妥善處理甚至隱匿實情為起點展開，其後多名女性與受害人在社群平台上公開他們的經歷。#MeToo 效應從政壇、職場，擴散至媒體、學校、藝文、演藝等場域。

對哪些部分感到憤怒？我的感受如何？用文字紀錄下來的過程，也是一種自我療癒的時間。如果有機會，將它述說出來也是一種方式，例如參與「性暴力生存者演講」等場合，聆聽別人的故事後，接著講述自己的故事，為彼此加油充電。

成為協助者

自己鼓起勇氣踏出的一步、吐露出的一句言語，都可能會成為阻止性暴力的契機，例如拍攝在捷運上偷摸醉酒女性的男性，小心翼翼地跟在他後面報警；有男性以女性穿緊身褲為由進行性騷擾後，還胡說「這不就是你想要的嗎？」時，勇敢的女性在這樣的男性臉上打一記重拳。這些勇於出面的女性故事，帶給我們很大的勇氣。

親自詢問

對於陷入困境的人，直接詢問對方：「需要陪你嗎？」、「你是跟誰一起過來的呢？」

轉移注意力

停止對話、將對方的注意力轉向別處，讓陷入困境的人

躲藏到安全的地方。「這個好像有點無聊，我們去做別的事吧！」、「我肚子好餓！我們出去吃點東西吧！」、「我覺得頭有點暈，要不要出去透透氣？」可以藉由說這些話轉移對方的注意力。

拉攏周圍的人

一個人單獨出面可能會很不安，盡可能拉攏身邊可靠的人幫忙，例如其他朋友、保安、酒吧職員等等。如果需要的話，就請警察來協助。

數位性暴力犯罪

防範數位性暴力犯罪，
從改變社會與性教育做起！

　　2020 年，由兩名韓國大學生組成的「跟蹤團火花（韓文名稱為추적단불꽃，針對 Telegram 上「N 號房」的數位犯罪進行深度採訪的記者兼活動家團體）」，將買賣性剝削物的線上聊天室的真相公諸於世。當中有些人將受害者取名為「奴隸」、進行性剝削，且分享受害者個資。此外，根據推測，做出這種行為的人至少有數萬人。知道這事實後，大眾都受到了很大的衝擊。雖然經營聊天室的少數幾人被拘留且接受審判，但由於應用程式可以使用匿名聊天，是否能夠找到所有參與者，進而對他們進行正當的處罰？這一點誰也無法保證。

　　現在，超越憤怒的階段，我們應該要嚴肅思考，該如何防止性犯罪再次發生、該如何改變社會文化、如何改善教育現況。

把重點放在「加害者的犯罪」

　　所謂的「數位性暴力犯罪」是指透過網路等數位方式對他人進行性暴力之犯罪行為。未經當事人同意、擅自將照片或影像傳送給其他人，這無庸置疑屬於性犯罪。從散佈熟人或戀人的照片、影像和個資的犯罪行為，到透過網路引誘受害者來製作並傳播非法性剝削影像的犯罪等等，數位性暴力的種類有非常多種。拍攝非法性剝削影片的人、上傳並散佈的人、提供儲存空間的企業以及觀看的人，全都算是共犯。

　　令人遺憾的是，捲入這些事件的受害者紛紛被指責當初為何要拍攝照片或影片，這種指責只會對受害者造成二次傷害，完全無法幫助解決犯罪行為。「不應該拍攝」這句話強化了女人要小心身體和舉止的固定觀念，還提供了犯罪者擋箭牌。數位性暴力的受害者大部分是女性，許多已經分手的前戀人因為懷恨在心，為了讓對方丟臉而散佈這些內容。從現實狀況來看就知道，社會對於女性的既定觀念（性別刻板印象）是性犯罪的基礎，因此更需要把焦點放在加害者的犯罪，而非受害者的行為上。

日常行為竟然淪為犯罪的素材

還有一種犯罪行為：將街道上或廁所中非法拍攝的影片、把社群媒體或畢業相簿上的平凡照片合成性方面的影像後上傳到網路上。長期以來，大家都使用「偷拍」這個簡單的單字，但現在更傾向於使用

> **深偽技術**
> （Deepfake）
> 以人工智慧為基礎的圖像合成技術。被惡意使用來進行將特定人物的臉部和身體合成圖片、影像的犯罪。

「非法拍攝」或「性剝削」這些單字來強調這是重大的犯罪行為。每個人都不曉得自己何時會成為這種犯罪行為的犧牲品。使用公共廁所或社群媒體等極其平凡的日常行為，竟然也會淪為犯罪的目標，這一點引起了眾多女性的恐懼和憤怒。

這些影像本身存在著「將女性的身體當作賺錢手段或玩具來消費」的問題。尤其在南韓，雖然製作性剝削之物本身是非法的，但卻沒有制定好量刑標準，許多罪犯只有受到輕微處罰或甚至沒有受到處罰。自己個人不去觀看，也不要上傳非法拍攝影像的實踐非常重要，同時也要關注法律和制度的改善狀況，讓參與犯罪的所有人都能受到應有的處罰。

何謂數位性誘騙？

在數位時代很難認出究竟是誰在犯罪。有些時候，人們反而會對不親近的人吐露心聲。比起那些徹頭徹尾地認識我的家人，或是每天黏在一起的朋友，跟社群媒體上認識的陌生人能夠聊得更自在。但是有些人卻惡意利用這種情況，輕鬆地搭訕你、接受你微小的請求，等你放鬆警戒心後，再一點一滴地提出更無理的要求。

「我跟他變熟了，還得到他的幫助，是不是也應該為他做些什麼呢？」有時候會以這樣的心情答應對方的要求。有時候也因為在長期聊天當中吐露了太多的個人情報，擔心對方找上門威脅，或者把自己的個資公開在某些地方而不得不答應對方的要求。

這類的數位性誘騙（Digital Grooming）主要以兒童或青少年為犯罪對象。年紀小的時候，「要親切待人」的固定觀念很強，而且缺乏建立多種人際關係的經驗，所以並不曉得無理要求的界線在哪裡，因此明明已經淪為犯罪對象，卻常常沒有意識到受害的事實。

對抗數位性誘騙的方法

我們應該懂得建立身體界線，並訓練自己培養敏銳度，對於他人的言語或行為，要能夠快速且準確地抓到異樣感，並且將其視為危險訊號來運用。比起成為一個無法拒絕別人的好人而陷入危險之中，成為懂得守護自己的敏感之人更為安全。大多數從事性誘騙的人都是透過社群媒體或聊天應用程式接觸到的，因此在使用這些服務時，更要提高警覺。

如果有人透過社群媒體的私訊或者開放聊天室、聊天應用程式等傳送威脅的訊息，請不要給予回應，並立刻結束對話。「如果不按照指示去做，就會有駭客攻擊手機中的所有照片和對話，散佈給你身邊的人。」、「只要跟我見一次面，我就會刪除這段時間進行的性對話。」、「你只要傳給我想看的身體照片，我就不會再折磨你。」在實際性誘騙案例中，大部分的威脅不會僅止於一次，他們反而會強迫受害者進行更露骨的性行為，甚至會威脅說要檢舉受害者在進行性交易。

遇到這種情況時，千萬不要一個人解決，要積極地向身旁的人請求協助。如果不想告訴父母或朋友，也可以在專門機構的幫助下解決。就算對方以曾經提供零用錢或食物為由，威脅要檢舉你進行性交易或援助交際也不要被欺騙。青少年性交易受害者並不會被處罰。

不過老實說，並不是受害者多加留意，就可以解決所有犯罪問題。唯有加害者停止行動，犯罪才會完全消失，因此應該逮捕那些認為自己絕對不會被抓到的加害者，並將其送上法庭進行正確的處罰，藉此讓社會提高警惕。偷拍並非單純出於好奇心，而是沒有人權意識才會做出的行為，所以向所有人宣導尊重身體自主權等正確觀念是非常重要的一環。

安全的數位生活指南

① 不要和任何人分享密碼,最好定期更換密碼。

② 將智慧型手機設定密碼或指紋辨識以進行保護。

③ 將個人照片或資訊上傳到網路之前,要再次思考一下這些內容是否可以公開。

④ 不要在 P2P(peer to peer)共享資料夾中儲存個人資訊。

⑤ 儘量避免跟網路上認識的陌生人進行性方面的對話。

⑥ 不要隨意分享個人的照片或資訊給在網路上認識的人。

⑦ 如果第一次和網友在線下見面,請約在公共場合、找朋友一起去見面,或者要提前告知父母或朋友。

⑧ 如果受到數位性暴力傷害,請立即告知監護人並積極向可以幫忙解決問題的機構請求支援。

數位性暴力求助管道

勵馨基金會	https://www.goh.org.tw/	02-8911-8595
婦女救援基金會	https://www.twrf.org.tw/	02-2555-8595 裸照或影片外流求助專線 分機 31
現代婦女基金會	https://www.38.org.tw/	02-2391-7133
數位女力聯盟	https://www.widitw.org/	private@widitw.org
台灣展翅協會	https://www.web885.org.tw/	02-2562-1233
台灣防暴聯盟	http://www.tcav.org.tw/	02-2567-3434
IWIN 網路內容防護機構	https://i.win.org.tw/	02-2577-5118
私 ME — 成人遭散布性私密影像申訴服務網	https://tw-ncii.win.org.tw/	02-2576-2016

這是我的陰道！

有一部英國喜劇網路影集叫《性愛自修室（Sex Education）》。影集內容除了宣導正確性知識、提倡多元性別平等，也教導人際關係、家庭成員之間的互動。其中有一個小插曲想介紹一下。

某一天，全校學生都收到了一張巨大的陰唇照片。這件事在學校興起了軒然大波，有人出面要抓犯人，有人則在竊竊私語討論那是誰的身體。校方也對全校學生警告偷藏手機和蒐集非法拍攝物的人趕快出面，校方表示將積極找出散佈者並依法處置。到目前為止是很常見的劇情。

但是劇情卻出現了反轉。當大家聚集在講堂中，一名女學生用顫抖的聲音喊道：「這是我的陰道！」其實那並不是她的照片，但是當她一出面，其他的學生也紛紛站起來主張這是自己的照片。

目睹這場景的校長生氣地說，明明只有一張照片，怎麼會有這麼多主人？但是學生們卻不停地站起來喊著：「我們都有陰道！那是我的照片！」一開始收到照片時，擔心照片中的身體是自己而感到戰戰兢兢的當事人，成為了眾多出面主張的女學生之一、獲得了匿名的保障。某人被拍攝私密部位的照片，變成了所有人的「生物學陰道」照片，再也沒有理由感到害羞了。

這段插曲很好地展現了當數位性暴力犯罪發生時，第三方應該要如何行動——幫助受害者維持平凡的日常生活，不用去好奇受害者究竟是誰。

這是我的陰道！

不！照片是我的！

附錄

照顧自己身體的
生活提案

定期做婦科檢查
養成健康的飲食與運動習慣
接納自己的身體

定期做婦科檢查

為什麼要去婦產科？

「我不喜歡去醫院，最特別討厭的就是要躺在椅子上（內診椅）、鋪著奇怪的裙子，讓人感到屈辱的婦產科。」身為婦產科醫生，我經常聽到這樣的話。各位如果聽到像怪談一樣到處流傳的婦產科負面消息，也許會因此害怕去婦產科。若想要消除莫名的恐懼感，就要先確實弄清楚婦產科是個什麼樣的地方，以及應該去婦產科的時間點。

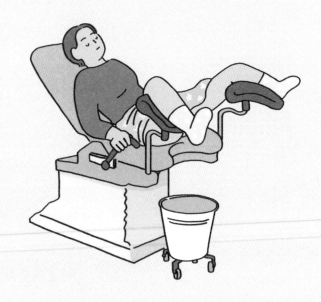

婦產科普遍被認為是專為孕婦而設立的科別，但並非完全如此。婦產科是專門關注女性健康的地方，涉及性器官、生殖器、月經、懷孕、分娩等所有相關的範疇。為了消除一般大眾的既定印象，近來要求將「婦產科」更名為「女性醫學科」的呼聲越來越高。當然，婦產科絕對是十幾歲女性可以隨時拜訪的地方，本文也曾經提過，若遇到以下情況，請務必要去看婦產科。

★ 在 8 歲前乳房就發育。
★ 已經 15 歲了卻還沒有月經，或者乳房發育過了 2 年卻還沒有月經。
★ 初經後過了 6 年，週期依然不規律。
★ 月經一直都很規律，但某天月經卻突然停止。
★ 月經血量大到 1 ～ 2 小時需更換一次以上衛生棉，分泌物多到一天需更換 4 ～ 5 張大型護墊。
★ 經痛過於嚴重，導致難以度過學校生活或日常生活。
★ 在小便或發生性關係時，生殖器感到疼痛。
★ 外陰部出現腫塊、乳頭狀瘤、會痛的水泡和紅點。

婦科檢查會如何進行呢？

有些婦產科醫生會在沒有充分說明的情況下對患者過度

診療，若想避免過度診療的情況，就要正確瞭解婦產科的檢查實際上是如何進行的。若提前知道會發生的狀況、做好心理準備，就能做出更合理的決定。每個人去看醫生的理由皆不同，因此會接受不同的檢查。身體越放鬆、不緊張，就越能舒服地接受檢查。當然，在檢查過程中若感到疼痛或不舒服，也可以告訴醫生，要求先停止檢查。

基本問診

去婦產科看診時，基本上會被問到疾病史、家族史、社會史和過去史。疾病史是指至今經歷過的病種；家族史是指家人或親戚的健康狀態和疾病來歷；社會史是要掌握職業、是否有吸菸或飲酒習慣、身體活動和性活動狀態，並確認現在是否有伴侶、伴侶是女性還是男性、是否有避孕和預防性傳染病等；過去史是確認月經的週期、血量、期間和經痛的程度，以及是否有經前症候群，是否有過懷孕、流產或生產的經驗，是否接受過子宮頸癌和乳癌檢查等等。

因此，第一次去看婦產科時，如果被詢問「最近一次月經是何時？有沒有過性關係？」等問題也不要感到驚訝，去婦產科看診的人基本上都會被問到同樣的問題。

此外，在醫院裡聊到的所有內容，都是醫生和各位之間的祕密。若患者不同意，醫生就不能向任何人講述患者的狀

況，就連對父母或老師也是一樣。（不過，如果患者遭受性暴力或處於危險狀況，醫生可能會需要聯繫警察或兒少保護機構。）按照在基本問診時確認到的內容，醫生會決定要進行何種檢查。在婦產科接受檢查時，要躺在內診椅子上、雙腿向兩側張開。若沒有性經驗，可能不會進行陰道內部檢查；在做腹部超音波檢查時，也需要平躺進行。

陰道鏡檢查

陰道鏡檢查是為了觀察陰道內部和子宮頸入口，將鴨嘴形狀的窺陰器插入陰道內所進行的檢查。除了在做子宮頸癌檢查或陰道炎檢查時，出血過多或者早期羊膜破裂等情況下也會施行這個檢查。

不鏽鋼窺陰器通常會以高溫高壓消毒後重複使用，但最近也有醫院會使用拋棄式塑膠的窺陰器。窺陰器的尺寸有許多種，最小的尺寸約是小拇指大小。如果曾經有用衛生棉條或手指插入陰道的經驗就可以使用。當然，並非所有人都必須接受陰道鏡檢查，像是難以插入窺陰器的兒童或青少年，也可能只使用棉花棒來採集分泌物。

就像用耳窺鏡（窺視耳朵的檢查器具）或用鼻鏡（窺視鼻子的檢查器具）接受檢查時一般，接受陰道鏡檢查時也可能會不太舒服，不過只要使用尺寸合適的窺陰器以及潤滑劑，

就可以最大限度地減少疼痛。如果第一次做陰道鏡檢查覺得很痛，下次可以向醫生申請尺寸再小一點的窺陰器和潤滑劑。

內診檢查、骨盆檢查

內診檢查和骨盆檢查是醫生使用雙手來進行子宮和卵巢的觸診。醫生會確認卵巢或子宮是否有結塊、分娩時子宮頸開了多少指等等。檢查時會將一根手指或兩根手指放進陰道內，另一隻手放在肚子上按壓子宮和卵巢來掌握狀態。最近超音波檢查變得普遍，大幅減少了觸診，但疑似罹患子宮頸癌或正在進行分娩的患者依然必須接受觸診。

超音波檢查

這是用來確認骨盆內部器官（子宮、卵管、卵巢、膀胱、尿道、骨盆底肌肉、骨盆內血管等）狀態的檢查。在檢查月經不順、子宮肌瘤和子宮頸癌等婦科疾病時，主要會用陰道超音波來檢查。懷孕初期會做陰道超音波，懷孕 10 週後則會做腹部超音波。

沒有插入陰道內部經驗的患者，會進行腹部超音波、肛門超音波或會陰部超音波檢查，而能夠更加精準地觀察子宮卵巢狀態的檢查則是肛門超音波或會陰部超音波，其準確度與陰道超音波幾乎一樣。陰道超音波檢查設備只有拇指那麼

粗，如果使用過衛生棉條或月亮杯，很容易就能檢測。

子宮頸癌篩檢

具有「子宮頸抹片檢查、子宮頸癌細胞檢查、Pap 檢查」等多種稱呼。此檢查法是用刷子輕輕擦拭子宮頸細胞，再用顯微鏡確認是否存在異常的細胞。子宮頸癌是因 HPV 病毒進入子宮頸後出現感染、產生異常細胞後的癌症。因此，如果有插入性關係的經驗，或者有用手指、衛生棉條、月亮杯插入陰道內的經驗，建議從 20 歲開始，每 2 年接受一次檢查。（台灣提供 30 歲以上女性每年一次免費檢查）。

在婦產科被問到「有性經驗嗎？」

為了掌握患者能否進行陰道超音波或陰道鏡檢查，還有需要何種檢查等等，「是否有性經驗」是婦產科的基本確認事項。但是，如果被問到這一題，大部分的年輕女性都會覺得頭暈嘛！「我只有用手指摸了陰蒂，也要說有性經驗嗎？」、「把手指放進陰道內也算是性經驗嗎？」、「我要坦誠有和女朋友發生過性關係嗎？」這種時候不需要拐彎抹角，只要簡單明瞭地說出必要的資訊就可以了。「我曾經把手指放在陰道裡。」、「雖然沒有插入過男性生殖器，但使用過衛生棉條和月亮杯。」、「我接受過子宮頸癌檢查。」用類似這樣的方式回答即可。

養成健康的飲食與運動習慣

為明天的自己，改善今日的飲食習慣

人們都說：「身體和心靈是連動的。」身體健康有活力時，心情也會跟著安定下來；若身體不舒服，就會變得憂鬱、凡事都看不順眼。因此，要養成照顧自己身體的習慣。

尤其對於青少年而言，營養素真的很重要。在青少年時期，身體會出現暴風式成長和第二性徵的發育，不僅需要消耗許多能量，也需要攝取充足營養素，才能充分製造出骨頭裡的鈣質、卵磷脂，供一輩子使用。此外，現在吃進何種食物，對於未來的飲食習慣也會產生莫大的影響。青春期期間，會增加成人身高的 25% 的高度，體重也會增加 50%。為了生長、代謝和活躍的身體活動，建議每天攝取約 2200 大卡的熱量；如果運動量和身體活動量較少，則可以減少至 1600～2000 大卡。

接著來介紹攝取充足營養素的九個重點。

專心吃飯

若在吃飯時間一直看影片或做其他事情的話，會無法好好咀嚼、吞嚥食物，這麼一來，就會不曉得自己究竟吃了多

少東西而持續進食。每一餐都應該充分咀嚼、感受自己吃下的食物。若時間很趕，建議先定好食物的量再吃。

吃早餐

幾乎所有的營養學家都建議吃早餐來提高血糖。早餐建議以上午活動所需的碳水化合物和膳食纖維為主。

不要跳過一餐

若中間跳過一餐不吃，下一餐就容易暴飲暴食。營養學家們表示，若想攝取固定且豐富的熱量，建議少量多餐。比起晚餐，可以在一天中間時段的午餐多吃一點。

多吃蔬菜水果

研究顯示，充分攝取蔬菜和水果的人罹患肥胖、癌症、心臟疾病和心臟麻痺的機率，比起不攝取的人更低。

攝取鐵質

生理期時容易出現貧血的症狀，因此鐵的攝取尤其重要。富含鐵的食物有馬鈴薯、雞蛋、未精製過的穀物等。番茄、草莓、高麗菜等蔬菜類也富含有助於吸收鐵的維生素 C，推薦可以多吃。

多喝水

建議一天喝八杯水。水分扮演將營養素傳遞到身體各部位、排出老廢物質和環境荷爾蒙、軟化皮膚和關節等角色。

避免反式脂肪

人造奶油、起酥油等固態脂肪屬於氫化油。為了讓這種原本液態的植物性脂肪固化，在加入氫來提高油的穩定度的過程中，會產生一種叫做「反式脂肪」的物質。如果反式脂肪的攝取增加，人體血液中的膽固醇濃度就會提高，血管壁上堆積脂肪，罹患高血壓和成人病的危險性也會變高。人造奶油和起酥油比動物性奶油便宜，經常被用於製作餅乾或派等點心，若只有偶爾食用是無妨，但經常食用，恐對健康帶來不好的影響。

減少速食的攝取

便宜又可以快速食用的食物大部分都沒什麼營養價值，而且添加過多的油、糖、鹽，所以熱量很高。在速食店或便利商店中，這些可以簡單快速吃到的食物，大部分都會快速提高血液中的糖分，讓人立刻吃飽、心情變好，但是如果經常吃這類的食物，就會缺乏生長發育所需的營養素。人體必須營養素除了負責能量的脂肪和糖分之外，還需要製造皮膚

和肌肉的蛋白質，以及讓身體充滿活力的維生素和礦物質。

　　尤其如果在速食店點漢堡、薯條和可樂的套餐來吃，很容易就會超過一天所需的熱量。明明已經吃飽了，但食物就在眼前，所以還是不斷地吃下去。這麼一來，就會吃得比需要的量更多。即便吃速食，也可以盡量改成單點、選擇有蔬菜的全麥麵包三明治等更健康的食物，不妨這樣嘗試看看吧！

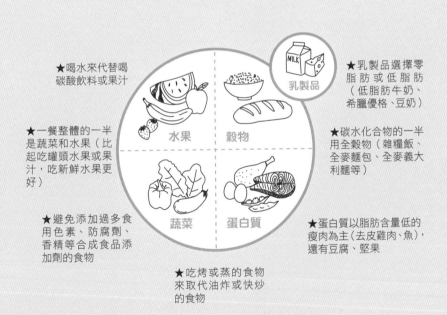

★喝水來代替喝碳酸飲料或果汁

★一餐整體的一半是蔬菜和水果（比起吃罐頭水果或果汁，吃新鮮水果更好）

★避免添加過多食用色素、防腐劑、香精等合成食品添加劑的食物

★吃烤或蒸的食物來取代油炸或快炒的食物

乳製品

水果　　　穀物

蔬菜　　　蛋白質

★乳製品選擇零脂肪或低脂肪（低脂肪牛奶、希臘優格、豆奶）

★碳水化合物的一半用全穀物（雜糧飯、全麥麵包、全麥義大利麵等）

★蛋白質以脂肪含量低的瘦肉為主（去皮雞肉、魚），還有豆腐、堅果

積極與學校溝通

美味的食譜固然很棒，但也可以試著向學校提議健康的食譜。「一週請幫忙安排一天的素食餐」、「請用其他方式來烹飪蔬食小菜」、「不要給果汁，請給新鮮的水果。」學校的主人翁是各位，應該要讓學校明白，各位一直有在關注這部分。假如學校供餐狀況太差，也可以積極地向學校提出建議，倘若依然沒有改善，雖然需要一點勇氣，但是可以在教育部或網路社群等處提出問題。

快樂健身的運動原則

為了擁有健康的身心靈，規律的運動、身體活動和睡眠是不可或缺的條件。強韌的體力和充分的休息不僅能提高免疫力，還能為日常生活增添活力。

又不是運動員，為什麼要運動呢？因為運動有極大的好處。在兒童和青少年時期，活動與運動量多寡，會左右成年後罹患骨質疏鬆症或心血管疾病（心臟麻痺、腦中風、高血壓等）的機率，也會左右一輩子的肌肉量。進行身體活動時，分泌的荷爾蒙和神經傳導物質，具有降低焦慮心理或壓力的效果，因此罹患憂鬱症或焦慮症的危險也會降低，甚至連記憶力、執行力和運動神經都會變得發達。

現在就來瞭解看看，該怎麼做才能保持健康吧！（不是苗條喔！）

每天運動一小時以上

世界衛生組織（WHO）建議滿 5 ～ 17 歲的兒童和青少年每天做超過 1 小時、中等程度以上的有氧運動，每週做 3 次以上的劇烈運動（中等程度以上的運動是指會氣喘吁吁、心跳增快的運動）。覺得自己每天已經夠忙了，根本沒空去運動一個小時嗎？想想看，滑手機、看 YouTube 影片或瀏覽社群媒體，一、兩個小時很快就過去了，時間其實並不長。

2020 年世界衛生組織發表該建議時，南韓青少年中未能實現這個目標的比例高達 94.2%，特別是隨著智慧型手機和媒體的發達、授課方式從實體到網路的機會增多等，人們的運動量正在逐漸減少。

養成享受運動的習慣

運動並非短期的活動，而是生活的日常。若想達成這點，首先要懂得享受運動。跑步到出汗、喝涼水、準備喜歡的運動服等等，去找尋看看自己能夠越來越享受運動的契機。若持續運動，將會感受到皮膚狀況改善、腸道蠕動增進、經痛緩解等身體的變化，而更加享受運動的時間。

★ 邊聽喜歡的音樂邊運動

★ 挑戰看起來很有趣的運動

★ 爬樓梯代替搭電梯

★ 制定一天運動達到 60 分鐘的計畫（ex. 和寵物犬如同
　跑步那樣散步 20 分鐘／上學時走路或跑步 10 分鐘／
　邊看影片邊跑跑步機或踏步機、居家運動 30 分鐘）

★ 制定一個月的運動目標，達成時要送自己禮物

★ 不要著急，慢慢改變習慣

與其少吃，不如多動

偶爾會有青少年問我：「能不能少吃一點，然後不要運動呢？」各位應該也很常這樣，平常如果不太活動就感覺會變胖而選擇少吃一點，但是這麼一來，身體會缺乏能量而容易陷入更不想動的惡性循環。

食物是幫助我們身體度過一整天的電池。除了運動之外，呼吸、心跳、思考和讀書這一切事情都需要能量，因此如果吃得太少，基本代謝和日常生活狀況都會變差。與其先控制食量，不如增加活動量，再根據身體的需要來調整食量。

過度減肥是禁忌

在健身房經常可以看到寫著「打造層次分明的肌肉」、

「體脂肪率降到 7%」等字樣的廣告。然而，如果體脂肪率實際上達到 7%，皮膚可能會變得很粗糙、月經也會停止。我也經常被問到「體重要幾公斤才算健康呢？」、「體脂肪率百分之幾才算好呢？」等問題，若用體重、身體質量指數和體脂肪率等數值作為健康的標準，絕對無法適用於所有人。健康的標準應取決於平時是否有規律月經、是否養成健康的飲食習慣、是否有充足的活動和睡眠、是否有好好地健走和跑步等。如果這些問題的答案為「是」，就不必看體重計了。

最糟糕的減肥法就是刻意餓肚子、只吃一種食物或者完全戒掉碳水化合物，通常這樣過度減肥會導致肚子更餓，之後很容易暴飲暴食。此外，若缺乏青少年時期所需的營養素，就會影響生長、發育和心情。

除此之外，因錯誤的減肥方法而損害健康的情況也很多，例如：為了控制食慾而抽菸，這種情況應該要停止。菸是一級致癌物，而且也是心血管疾病和骨質疏鬆症等萬病之源。另外，不能習慣性地服用便秘藥。減肥時容易便秘，但便秘藥的原理是「硬擠腸道」，如果繼續服用下去，以後腸子就不會自己蠕動了，所以與其吃便秘藥，不如多多喝水，攝取富含膳食纖維的蔬菜、李子乾和燕麥片。

善用 APP

最近出現了許多有助於運動的應用程式，請選擇喜歡的一種，安裝在手機裡，像執行遊戲任務一樣來運動吧！

★ Cash Walk：每走 100 步給 1 個 cash，增強運動的動機。

★ Charity Miles：按照跑步距離換算成贊助金，藉此捐款給聯合國兒童基金會或者非營利機構。

★ YAZIO：協助計算卡路里，可以確認一整天吃了多少熱量，還會提供食譜和運動影片。

★ Walkr：是一款透過步行所產生的能量，來探索宇宙行星的遊戲。可以和其他用戶互相交換能量，很適合跟朋友們一起開心使用。

接納自己的身體

身材沒有標準答案

穿上了新衣服卻不知道為什麼沒有特別開心，感覺和想想中不一樣的時候；看了看藝人或網紅的社群媒體，再回頭看到鏡子中自己的時候；享用了因熱量爆表而惡名昭彰的美味甜點，後悔湧上心頭的時候……我們經常陷入對身體的苦惱之中，有的時候這種苦惱會超越輕微的抱怨，演變成嚴重的自我厭惡。即便曉得每個人的身材本就各不相同，卻還是很容易陷入「如果比現在瘦，會不會更漂亮、更幸福呢？」這種想像中。想要完全消除這些煩惱並不容易，因為媒體上總是出現比一般人還要瘦的女性，企圖煽動人立刻開始減肥。

據說患有厭食症或暴食症等飲食障礙的病患人數正在逐漸增加，且年齡層持續下降。認為自己必須保持纖細身材的強迫症，嚴重損害了女性的生活與健康。

這些擔憂過後，「身體自愛（Body Positive）」運動就登場了。這運動的宣言是：「各種身材都很不錯。身體沒有標準答案，我們每個人的身材都應該得到尊重。」為了能在這個「女性理當要維持纖瘦身材」的社會中，毫不動搖地肯定自己的身材，建議採取以下行動。

使勁地活動身體

相信各位應該有經歷過，當大考在即或者說謊的時候，腰和肩膀會往內彎曲、身體會畏縮。相反地，當我們伸展身體、做伸展運動時，心情則會變得舒暢。

我們的身體和情緒正是如此緊密地連結在一起，充分瞭解來使用自己的身體，就等同於充分治理自己的心情一般。人在拋開煩惱時，會感覺到腳步變得輕盈，也是出於這個原因。韓國歌手兼演員的 IU 被粉絲問到：「心情不好的時候該怎麼辦？」那時她回答說：「心情不好時，為了不陷入憂鬱的情緒，我會到處走走、洗碗，讓身體多活動一點。」

據說，科學也證明了「身體激烈運動的行為可以代替部分的抗抑鬱藥」的事實。每當身體產生負面情緒時，就使勁地活動身體吧！跑步跑到氣喘吁吁也好，跟著音樂跳舞也好，盡情地活動身體後，充分享受一下呼吸產生變化、心情也改變的感受吧！身體不是別人的，而是自己的。任誰都不能隨意評價或討厭的這副身軀，將會跟你建立起良好的關係。

與各式各樣的身體相遇

創作者奇多（朴怡瑟；韓文名字為지도 / 박이슬）是一位身材極其平凡的模特兒，在個子越高、身形越瘦，就越有機會參加時裝秀的時尚界中孤軍奮戰。其實並非只有瘦的人才

對時尚感興趣，然而在時尚界，卻只有瘦到對健康造成負擔的身體才能成為華麗焦點。奇多一直思考「為什麼平凡的身材一定要被時尚界淘汰？」然後自己成為了自然尺寸的模特兒。她時常介紹平凡身材適合的各種穿搭，也透過採訪或書籍來推廣「身體自愛（Body Positive）」運動。

在媒體上出現的女性往往都比一般人還要瘦。如果常看她們，就會覺得除了自己之外，世界上所有人的身體裡都沒有脂肪。就算刻意也無妨，去搜尋一些平凡身材的故事來看吧！你知道 Lamily（래밀리）娃娃嗎？她顛覆了完全不符合現實身材的芭比娃娃的形象，並非穿著腰部纖細的禮服和高跟鞋的苗條玩偶，而是穿著平凡的襯衫和短褲、有著青春痘和肥肉，這樣的娃娃使人感到既陌生又親切。如果大家都能把身體原有的模樣展現出來，因身材而苦惱的人肯定會減少。

度過「不談論身體的一週」

「你變瘦了耶！」、「你的眉毛真漂亮！」、「真的很苗條！」這類的話很明顯是稱讚，不過如果不斷聽到別人稱讚自己的外貌，就會自然而然地產生「我應該要維持下去」的想法。人是具有社會性的存在，他人的稱讚會成為自己做出特定行為的動機。相反地，沒有聽到這些稱讚的人，會產生「我也要打扮自己的外貌才對！」的想法，或者認為自己

並不值得稱讚而感到很沮喪。

不僅是批評的言論，就連稱讚的言論也會讓我們的身體變得不被尊重。為了對抗評價外貌的文化，要不要從我自己開始，嘗試度過一整週不談論自己和其他人外貌的生活呢？無論是好話還是壞話都包含在內。如果有意識地刻意避開，就會意外地在很多時刻瞬間領悟到自己正在談論外貌。當人們停止談論外貌時，反而可以用更多元的話題來進行對話。

自我防禦訓練

通常在經歷可怕或驚嚇的事情時，我們會使用「全身僵硬」來形容對吧？處在極度緊張的狀態時，全身都會畏縮、理性也會一起暫停，特別是面對意想不到的暴力情況時，大部分人都不知道該怎麼做而處於僵硬的狀態。

但是，如果平常就先練習應對各種情況的方法，會變得如何呢？例如對於突然靠近的人，果斷地說「請走開！」的練習；面對突如其來的襲擊，判斷該反擊還是逃跑的練習。

「自我防禦訓練」是指透過練習，讓我們的身體在遇到不情願的情況時，依然能夠活動出最佳狀態，像是學習逃跑或確保安全距離的技術等等，可以試著在性暴力諮商所或者女性團體等地方，詢問看看是否有教授相關練習。

推薦讀物／影音作品

註：下述的作品名、作者名皆為暫譯。為方便搜尋，保留韓文、原文呈現。

書籍	《女人是體力 *여자는 체력*》，樸恩智（박은지）著，메멘토出版，2019 曾經最討厭體育課的作者，現在成為了幫個人量身定做運動課程的運動專家。本書逐條批評社會看待女性身體的錯誤態度，並且提議為了真正變得健康而活動。 《gon gone *곤 gone*》，守信止（수신지）著，굴프레스出版，2019 「如果抓走終止妊娠的女性，把她們關進監獄會如何呢？」以這樣的想像開始畫出了這本漫畫，使我們重新審視了現實中的懷孕、生產、終止妊娠、我們自身看待育兒的心態，以及社會的視線。 《彩虹性諮詢所 *무지개 성 상담소*》，同性戀者人權聯盟等著，양철북出版，2014 作者長期與青少年性少數者及其身旁的人見面、進行諮商，傾聽了各種苦惱。對於跟他們一樣苦惱的人們，為了提供實質性的幫助而企劃了這本書。 《優雅豪爽的女子足球 *우아하고 호쾌한 여자 축구*》，金魂飛（김혼비）著，민음사出版，2018 作者偶然開始踢足球後，改變了對身體的想法。我們身處充滿性別刻板印象的社會，對於作者的故事一定會深有同感。 《喔！我們的身體如此夢幻 *오! 이토록 환상적인 우리 몸*》，索尼婭・艾絲曼（Sonja Eismann）著，朴鍾大（박종대）譯，우리학교出版，2020 此書告訴我們，我們的身體長得有多麼不同？扮演著多麼重要和驚人的角色？我們對身體的判斷和評價，又會對時代和情況造成多大的變化？
Webtoon 網路漫畫	《女性專用健身房金達萊姆 *여성전용헬스장 진달래짐*》，Yugi 著 偶然間住在設有健身房的建物中，主角也開始運動。館長、教練和會員都由女性組成的微特別健身房故事就此展開。 《生孩子的漫畫 *아기낳는만화*》，shosho 著 除了分娩之外，連懷孕期間也很辛苦和疼痛。作者將這些經歷生動地記錄下來，細膩且幽默地描繪了女性在懷孕和生產過程中，經歷的身體和情緒上的變化。

紀錄片	《Masquerade of Her》，Areum Park Kang 執導，2015 導演身兼主角。主角覺得自己之所以沒有戀人，都是因為自己的外貌，所以決定成為別人。這是「成為社會要求的女性形象，開始觀察自己和周圍人們」的真實實驗。
	《Period. End of Sentence 月事革命》，Rayka Zehtabchi 執導，2018 講述了印度某鄉村對於女性月經的偏見和暴力風俗依然存在，一群女性開始親自製作、宣傳和銷售衛生棉的故事。
	《For Vagina's Sake》，Boram Kim 執導，2018 一部介紹衛生棉和月亮杯的歷史、使用方法和女性月經經驗，以此探索女性身體和月經的南韓紀錄片。
Podcast	《說話的身體 말하는몸》，樸善英、劉智英（박선영、유지영）製作 由 88 名女性參與製作而成的 Podcast，分享各自對身體的記憶、煩惱和歷史，也將此內容出版成書。

本書參考資料

加拿大性教育網站	https://teachingsexualhealth.ca
	http://teenhealthsource.com
美國性教育網站	https://amaze.org
啊哈！首爾市立青少年性文化中心	https://www.ahacenter.kr/
Easeandmore（月經）	https://www.easeandmore.com
夏娃部落格（月經、性愛）	https://blog.naver.com/PostList.nhn?blogId=evecondoms&from=postList&categoryNo=60
聚集吧！月亮杯（月亮杯資訊網）	https://cups.kr/cups
哈囉！月亮杯（月亮杯資訊網）	https://www.instagram.com/hello.cups
月亮杯初學者 月亮杯 TMI 書	https://lunacup.co.kr/Book
夏娃避孕套 （韓國青少年免費避孕套申請）	https://evecondoms.com/article/notice/1/5408/
性權利和再生產定義中心共享資料室 （跟伴侶談論性傳播感染）	http://srhr.kr/

台灣廣廈 國際出版集團
Taiwan Mansion International Group

國家圖書館出版品預行編目（CIP）資料

妳的身體，妳作主！：一本關於認識自己、接納身體、
建立健康性別關係的圖文科普書！解答青春期的性迷惘，
自在成為真正的大人 / 尹晶園，金旼志著. -- 初版. -- 新北
市：臺灣廣廈有聲圖書有限公司, 2023.09
　面；　公分
ISBN 978-986-130-593-6（平裝）
1.CST: 性教育　2.CST: 青春期　3.CST: 女性

544.72　　　　　　　　　　　　　　112011346

台灣廣廈

妳的身體，妳作主！

一本關於認識自己、接納身體、建立健康性別關係的圖文科普書！
解答青春期的性迷惘，自在成為真正的大人

作　　　者／尹晶園、金旼志　　編輯中心編輯長／張秀環・編輯／許秀妃
繪　　　圖／洪和庭　　　　　　封面設計／張家綺・內頁排版／菩薩蠻數位文化有限公司
譯　　　者／余映萱　　　　　　製版・印刷・裝訂／東豪・弼聖・秉成

行企研發中心總監／陳冠蒨　　　線上學習中心總監／陳冠蒨
媒體公關組／陳柔彣　　　　　　數位營運組／顏佑婷
綜合業務組／何欣穎　　　　　　企製開發組／江季珊

發　行　人／江媛珍
法 律 顧 問／第一國際法律事務所 余淑杏律師・北辰著作權事務所 蕭雄淋律師
出　　　版／台灣廣廈
發　　　行／台灣廣廈有聲圖書有限公司
　　　　　　地址：新北市235中和區中山路二段359巷7號2樓
　　　　　　電話：（886）2-2225-5777・傳真：（886）2-2225-8052

代理印務・全球總經銷／知遠文化事業有限公司
　　　　　　地址：新北市222深坑區北深路三段155巷25號5樓
　　　　　　電話：（886）2-2664-8800・傳真：（886）2-2664-8801
郵 政 劃 撥／劃撥帳號：18836722
　　　　　　劃撥戶名：知遠文化事業有限公司（※單次購書金額未達1000元，請另付70元郵資。）

■出版日期：2023年09月
ISBN：978-986-130-593-6　　　版權所有，未經同意不得重製、轉載、翻印。